북한에서 여자로 산다는 것

'Gender' of North Korea

: '슈퍼우먼' 혹은 '꽃'으로 호명되는 북한의 여성

이 책은 2009년 정부(교육과학기술부)의 재원으로
한국연구재단의 지원을 받아 수행된 연구임
(NRF-2009-361-A00008)

'Gender' of North Korea

북한에서
여자로
산다는 것

: '슈퍼우먼' 혹은 '꽃'으로 호명되는 북한의 여성

전영선 지음 | 건국대학교 통일인문학연구단 기획

경진출판
세상과 소통하는 지혜로운 책

북한의 여성, 그 간단치 않은 삶

아래 한 장의 사진이 있다. 이 사진이 무엇인지 알 남한 주민은 거의 없다. 하지만 북한에서 나고 자란 여성이라면 대부분 이 사진이 어떤 사진인지 알 것이다. 이 책의 기획은 이 한 장의 사진에서 시작되었다.

신발 깔창 사진이다. 추운 겨울 발이 시리지 말라고 만든 깔창이다. 무엇으로 만들었을까? 깔창의 재료는 놀랍게도 머리카락이다. 그것도 여인의 머리카락이다. 머리카락을 잘라 신발깔창을 만들 만큼 사랑받았던 주인공은 누

구일까?

주인공은 김일성이다. 신발을 만든 이는 '김정숙'이다. 김정일의 생모이자 김일성의 첫 부인이다. 북한에서는 김일성, 김정일과 함께 '백두산 3대 장군', '백두산 여장군'으로 불린다. 김일성의 항일혁명 활동에서 '빼어난 업적을 올렸다'고 선전하지만 그보다는 '수령님의 영원한 충복'으로 자리매김한 인물이다. 수령을 온몸으로 보위(保衛)하면서, 수령의 명령을 목숨보다 소중하게 생각했던 여인이다. 김정숙의 삶은 그대로 북한 여인들에게 표본이 되었다.

북한에서는 일찍부터 남녀평등법을 시행했다. 사회주의를 도입하면서부터 가장 강조했던 것도 '남녀평등'이다. 봉건 잔재에서 벗어나 남녀가 평등한 세상이 되었으니, 여성들도 적극적으로 사회에 참여하라고 강조했다. 실제로 여성들의 사회 진출은 많아졌다. '6.25'를 지나면서 생산 현장에서 부족한 노동력을 채우기 위한 사회 진출도 활발했다.

'계급차별 없는 사회주의 낙원', '남녀평등', '여성해방'이 구현되었다고 말한다. 하지만 북한 문화를 들여다보면 여성들의 고단한 일상을 찾아내기란 어렵지 않다. 여성의 사회활동을 바라보는 인식도 여전히 한 세기 전에 머물러 있는 것 같다.

가정에서는 '세대주'가 우선이다. 사회활동을 하다가도 문제가 생기면 '여자가 가정일이나 충실히 할 것이지'라는 결말로 돌아온다. 사회활동에서의 남녀평등이 가정이나 사회인식 차원에 미치지 못한다.

여성들에게 '여자라고 해서 뒤쳐질게 무엇인가. 남자들 못지않다는 것을 보여주자'고 강조한다. 남자 못지않다는 것을 혁명으로 보여주기 위해 이를 악다문다. 하지만 아무리해도 '여자가 되어서 무엇을 하겠는가'라는 꼬리표는 늘 붙어 다닌다. 잘 하고, 열심히 해도 그것은 '여성으로서 잘한 것'일 뿐이다.

북한 여성의 모습은 김정숙의 이야기를 통해 이데올로기의 극단을 걷는다. 김정숙은 북한에서 가장 존경받는 여성이다. 김정일의 생모로서 '장군복'을 안겨준 '백두산 여장군'으로 불린다. 김일성의 혁명 활동을 충실히 보좌하고, 목숨으로 받든 북한 여성의 표상이다. 앞의 사진에서 보았듯이 김일성의 발이 시릴까 머리카락을 잘라 깔창을 만들고, 군복을 만들라는 명령을 받들어 밤새 수백 벌의 군복을 만들어 낸다. 그렇게 김정숙은 충복(忠僕)과 헌신(獻身)의 이미지로 각인되어 있다.

김정숙의 이미지는 북한 문화예술을 통해 끊임없이 재생된다. 김정숙이 최고사령관을 위해 헌신하듯, 모성(母性)마저 당을 위해 헌신한다. 〈어머니의 행복〉에서 어머니는 다섯 아들을 군대에 보내는 것으로 행복을 찾는다. 〈자매들〉에서는 아들이 없어 구두수선공의 대가 끊길까 걱정하는 아버지를 위해서 세자매가 대학을 포기하고 구두수선공으로 나선다. 그렇게 북한 여성들은 가부장적 위계와 질서 속에 편입되어 간다.

  이 책은 북한에서 여성은 어떤 존재이고, 어떻게 만들어지는지를 북한 문화를 통해 보여주고자 하였다. 북한 문화 중에서 여성이 주인공으로 등장하는 작품을 통해, 정책이 문화를 통해 어떻게 작동하는지를 소개하고자 하였다. 북한에서 생성된 문학예술을 통해 북한 사회를 보여주는 것. 그 자체로서 의미가 있을 것으로 판단하였다. 북한의 영화, 드라마, 미술 등의 작품 속에 그려진 여성의 삶은 그대로 북한 당국이 보여주고자 하는 목소리이기 때문이다.
  20년 가까이 북한 문화를 연구한 나에게 '남북 사이에 가장 달라진 것이 무엇이냐'고 묻는다면, 주저 없이 '언어'와 '젠더'라고 말한다.

이 책은 앞서 출판된 『북한의 언어: 소통과 불통 사이의 남북언어』, 『북한의 정치와 문학: 통제와 자율 사이의 줄타기』, 『영상으로 보는 북한의 일상』과 같이 북한 주민의 일상을 들여다보고, 작은 소통의 통로를 열어 가고자 기획되었다. 삶을 들여다본다는 것은 소통을 위한 출발이다. 이해가 없으면 소통이 이루어지지 않는다. 일방적 이해는 불통이나 이해를 가장한 폭력이 된다. 통일이 어떤 형태로 다가올지 알 수는 없지만 분명한 것은 통일이 대한민국의 최종 종착지가 아니라는 것이다. 한반도의 역사는 통일이 되는 그 날로 멈추지 않는다. 통일도 길게 보면 역사의 과정이다. 통일된 이후에도 한반도의 땅 위에는 많은 사람들이 몸을 부대끼며, 서로의 삶을 섞어가며 살아가야 한다. 일상의 소통이 중요한 이유이다.

일상이라는 것이 워낙 다양한 영역과 내용을 포함한다. 그 일상의 영역 안에서 여성성이 어떻게 호명되고, 어떻게 재구성이 되는지, 이해할 수 있는 기회가 되었으면 한다.

출판의 기회를 주시고, 편집의 번거로움을 마다 않으신 도서출판 경진의 편집원과 양정섭 사장께 진심으로 감사드린다.

2017년 봄을 맞으며

목 차

제2부 김정숙과 후예들

제**3**부 사회주의 대가정 속의 여성들

제**1**부 여성이 가야 할 길

북한, 여성 그리고 젠더

북한영화는 정치선전예술로서 당국의 통치전략에 따라 북한
사회의 정치사회적 변화를 민감하게 반영해 왔다. 그 과정에
서 사회문화적으로 '수령–당–인민'을 정치적 생명체로 한 유
기체적 국가관에 의한 '주체형의 공산주의자' 모델을 제시하
는 역할을 했다. 즉, 북한영화 속 이상적 인물들은 북한당국이
제시하는 사회화의 모델인 동시에 젠더규범의 모델이다.

—안지영, 「김정일시기 북한영화의 젠더 담론 연구」(인제대학교대
학원 통일학과 박사학위논문, 2014), 1쪽.

북한에서 여성으로 산다는 것

북한은 여성의 사회적 해방과 남녀평등을 '사회 진보와 발전을 이룩하기 위한 매우 중요한 문제로 인식한다'고 강조한다. 공식적으로 '계급차별이 없는 사회주의 낙원'으로 선전한다. 북한이 자랑거리로 내세우는 것 가운데 하나도 바로 여성 해방과 남녀평등이다. 김일성은 여성 해방과 남녀평등을 반제반봉건민주주의 혁명의 단계에서 수행해야 할 중요한 과업의 하나로 제시하기도 하였다.

북한은 남녀평등이 가장 잘 실현된 케이스를 조선인민혁명군에서 찾는다. 북한의 주장에 의하면 조선인민혁명군의 여성 대원들은 '조국의 자유와 독립'을 이룩하기 위하여, 그리고 조선 여성을 해방하고 남녀평등을 실현하기 위하여, 손에 총을 들고 싸웠고, 이 과정에서 여성해방 운

동의 훌륭한 모범을 창조하였다.

1946년 7월 30일 「북조선남녀평등권에 대한 법령」도 조선인민혁명군의 경험을 토대로 한 것이라 주장한다. 「북조선남녀평등권에 대한 법령」에는 여성의 정치적 권리를 보장하는 선거권과 피선거권, 남성과 동등한 노동의 권리, 교육의 권리를 규정하였으며, 자유결혼의 권리, 자율이혼권, 남성과 동등한 재산 및 토지 상속권을 규정하였다. 이

외에도 일부다처제와 여자들을 처나 첩으로 매매하는 것과 같은 여성 인권 유린 행위를 금지하고, 공창, 사창, 기생제도 등을 일체 없앤다는 내용이 핵심이었다. 이러한 정책을 통해 여성의 인격을 존중하고 남성과 꼭 같은 민주적인 자유와 권리를 보장해 줌으로써 사회의 민주화와 여성 문제를 해결하고자 하였다는 것이다.

남녀평등권법령이 발표된 이후 여성들의 자주성 실현을 위한 여러 문제들이 해결되었고, 수천 년 동안 내려오던 '인신적 예속과 불평등'에서 완전히 해방되었고, 사회생활의 모든 분야와 가정생활에서 남자들과 동등한 권리를 확고히 담보하게 되었다고 주장한다.

남녀평등권에서 강조하는 내용의 하나는 여성의 사회 진출과 생산력 증대였다. 남녀평등권법령을 실시함으로써 정치적 평등과 함께 여성들의 사회 활동도 크게 늘었다는 것이다. 여러 분야에서 여성들의 역할이 늘어나면서 농업생산 활동을 비롯하여 경제 건설에서도 활기를 띠게 되었다. 북한도 '여성들을 경제건설에 적극 참가시키는 것은 해방 후 새 사회 건설과 여성들의 사회적 해방에서 가장 중요한 문제의 하나'로 규정할 정도로 여성들의 생산 활동 참여를 독려하였다. 여성들이 경제적으로 남성들과 같은 지위에 올라서게 하는 가장 중요한 문제는 생산 활동을 통해 경제력을 높이는 것이었다.

　여성들이 생산 활동에 적극 참여한 사례로는 '알곡 생산과 현물세를 바치기', '목화를 가꾸고 누에치는 일에 동원되어 인민들의 입을 거리 문제 해결에 크게 기여한 점' 등을 꼽고 있다. 북한도 여성들의 적극적인 참여가 경제생산 발전의 중요한 동력이 되었음을 인정한다. 1947년의 경우, 인민경제계획이 102.5%로 초과 달성되었는데, 이렇게 초과 달성된 원인의 하나가 바로 3만 명의 여성노동자의 노력 때문이라고 인정할 정도였다.

　북한이 주장하는 여성 문제의 본질은 여성의 자주성이다. 즉, '여성에게 민주주의적 자유와 권리를 안겨주고, 온갖 착취와 압박에서 완전히 해방시켜 주는 것'이다. 지난 시기에는 여성들의 이러한 문제가 원만히 해결되지 못하였는데, 남녀평등권이 만들어지면서, 여성들이 제국주의

적인 착취, 봉건적 착취관계와 인습에서 완전히 해방되었고, 국가와 사회생활의 모든 분야에서 남자와 동등한 민주주의적 자유와 권리를 갖게 되었다는 것이다.

과연 그럴까? 북한은 이상적으로 남녀평등이 실현되고 있다고 말하지만 이 말을 믿을 사람은 거의 없을 것이다. 남녀의 사회적 지위, 역할과 관련한 젠더문제는 광복 이후 남북 사이에 가장 많이 달라진 부분의 하나이다. 정치적으로, 제도적으로 여성의 활동이 확대되었다고 해도, 여전히 남녀불평등의 구조가 보편화되어 있다. 북한 영화나 드라마를 볼 때마다 느끼는 것 가운데 하나도 가부장적인 인식을 느낄 수 있다. 여성의 사회적 활동이 많아졌다고 해도 가부장제의 전통은 여전히 막강한 위력을 과시한다. 여자가 아무리 능력이 뛰어나도 먼저 나서지 않고, 세대주를 앞에 세우는 것 자체를 아름다운 풍속으로 이해하기도 한다.

〈풍경 1〉
한적한 시골길을 부부가 걸어가고 있다. 커다란 보따리를 이고 가는 부인은 한 손으로 등에 업힌 어린 아이를 추스르고, 한 손으로는 칭얼거리는 아이 손을 잡고 있다. 남편의 손에는 곰방대가 들려 있을 뿐이다.

부부가 걸어가고 있는 것을 보던 중년 신사가 두 사람을 부른다. 중년신사의 이름은 '조기천'. 북한 문학에서 최고로 치는 혁명시인이다. 광복된 조국 땅에서 해방된 기쁨을 시로 노래하고 싶어 전국을 돌고 있었다. 시인은 남편에게 묻는다. "두 사람이 부부가 맞느냐?" 이어서 말한다. "이제 우리 조국은 광복이 되었고, 남녀평등법이 시행되었으니, 남편이 아내를 도와주어야 하오" 하고는 짐을 남편에게 건넨다. 영화 〈시인 조기천〉의 한 장면이다.

〈풍경 1〉 영화 〈시인 조기천〉

〈풍경 2〉

　평양시내 거리에서 중년의 부부가 길을 가고 있었다. 아이를 업은 부인의 손에는 가방이 들려 있었다. 남편의 손에는 달랑 서류가방이 하나 있었다. 부부를 지켜보던 어르신이 두 사람을 부른다.

　"보아하니 두 사람이 부부 같은데, 맞소?"

　난데없는 질문에 놀란 남편이 나선다.

　"맞습니다만 어르신은 누구신지?"

〈풍경 2〉 TV 드라마 〈다정한 부부〉

하면서 부부증명서를 보여준다.

"두 사람이 사랑해서 결혼 한 것이 맞겠지?"

멀쩡히 길을 걸어가는 부부를 불러 세운 노인네 입에서는 엉뚱한 소리가 나왔다. 도대체 이 사람은 왜 부부를 불러 세우고, 시비 아닌 시비를 거는 것일까. 이유는 곧 밝혀졌다.

"그래, 명색이 남편이라는 사람이 부인이 이렇게 무겁게 짐을 들고 가도록 내버려 둘 수 있겠는가? 그래 젊은 사람이 봉건적인 생각이 있어서야 되겠는가."

말인즉 부인이 혼자 애를 업고 짐을 들고 가는데, 남편이 도와주지 않는 것을 빗대어 나무란 것이다.

〈풍경 1〉은 광복 직후를 배경으로 한 영화 〈시인 조기천〉이고, 〈풍경 2〉는 2006년에 나온 텔레비전 방송물 〈다정한 부부〉이다.

영화 〈시인 조기천〉은 조국 광복을 시대적 배경으로 살다간 시인 조기천의 일생을 그린 영화이다. 광복을 맞이하여 시인 조기천이 전국을 돌아다니면서 광복의 기쁨을 표현한다는 내용이다. 일제강점기가 지나고 광복한 북한 땅에서 시인이 힘주어 말하고자 한 것은 남녀평등이었다. 가부장으로 대표되는 잘못된 제도를 버리고 남녀가 평등한 새로운 세상이 열렸다는 것을 보여주고 싶었다.

　그리고 시간이 흘러 2000년 중반 평양의 어느 거리에서 한 노인이 부부 앞에 섰다. 광복직전과 다를 바 없이 부인에게 짐을 맡기고 서류 가방 하나 들고 가는 남편을 불렀다. '지금은 첨단 우주 시대를 살면서, 봉건적인 낡은 생각을 버리지 못했다'면서 점잖게 충고한다.

　북한은 남녀평등법의 제정과 정책으로 '남녀가 평등한 새로운 세상이 열렸다'고 선전하지만 남녀평등을 이야기하는 공식 담론과 다르게 삶의 현장에서는 크게 달라지지 않은 것을 확인할 수 있다. 남녀의 평등은 법적, 제도적 문제이기도 하지만 문화적인 문제가 더 큰 문제이다.

그녀가 대홍단으로 간 까닭은
: 〈기다리는 처녀〉

"대홍단군종합협동농장에 파견된 제대군인 안해들 가운데
똑똑한 사람들이 많습니다. 지난해에 새로 지은 살림집에 찾
아가서 만나 본 해군에 있던 제대군인의 안해가 괜찮았습니
다. … 그는 남편된 사람이 군대에 있을 때 같이 할 것을 약속
하고 6년 동안 기다렸다가 대홍단협동농장에 온 지조 있는
여인입니다. 김정일."

　　　―예술영화 〈기다리는 처녀〉 중에서

〈기다리는 처녀〉가 기다리는 남자

〈기다리는 처녀〉는 2002년 조선예술영화촬영소에서 제작한 85분 길이의 예술영화이다. 리철호의 영화문학(시나리오)에 김춘송이 연출하였다.

영화는 감자꽃이 활짝 핀 대홍단협동농장에서 트랙터를 몰고 가는 청년들 사이로 급하게 한 통의 전보가 배달되는 장면으로부터 시작한다. 전보는 협동농장에서 일하고 있는 제대군인 기석의 어머니가 보낸 것이었다. 협동농장으로 한 처녀가 찾아온다는 내용이었다. 기석을 '갑판장 동지'라고 부르는 농장원들은 다 같이 마중 나가기로 한다.

한편 대홍단으로 가는 기차 안에는 한 여인이 타고 있었으니 그녀의 이름은 '김정금'. 군대에서 부상당한 남자의 홀어머니를 몇 년 동안이나 뒷바라지를 하면서 기다렸던 여인. 제대하고는 말 한 마디 없이 산간벽지 대홍단협

28

동농장으로 떠난 남자를 찾아 나선 여인이었다.

〈기다리는 처녀〉는 주인공 김정금과 제대군인 기석을 주인공으로 한 영화이다. 선군시대 북한이 강조하는 '조국 수호와 경제 건설에 앞장서는 제대 군인'의 모습과 그런 제대군인을 내조하는 아내는 어떤 여인이어야 하는 가를 보여준다.

도시처녀와 선군시대 모범 군인의 인연

정금은 산골협동농장과는 거리가 먼 도시처녀였다. 도시에서 곱게 자란 처녀였다. 정금이가 갑판장인 기석과 인연을 맺게 된 것은 군부대 복무원으로 가게 되면서였다. 첫 출근하는 날 흰 블라우스에 꽃무늬 우산을 쓰고 길을 가고 있었다. 부대원을 태운 트럭이 정금 옆으로 지나가다 흙탕물을 튕겼다. 놀란 정금이 우산을 떨어뜨리고 다른 차가 우산을 치면서 못쓰게 되었다.

정금의 옆을 지나던 트럭이 멈추고 해병이 내려서 정금에게 '미안하다'고 사과를 하였다. 정금은 '괜찮다'면서 자리를 떴다. 정금이 떠난 다음 기석은 정금의 부러진 우산을 챙겼고, 봉사국에 수선을 부탁하였다. 두 사람은 부대

식당에서 다시 만났다. 정금은 해병부대 식당 복무원으로 부임 받았고, 기석은 해병의 갑판장으로 훈련을 마치고 부대로 돌아오면서 같이 있게 되었다. 정금과 기석의 인연은 이렇게 시작되었다.

부대에서 기석을 다시 만나게 된 정금은 봉사국에서 부러졌던 꽃무늬 우산이 말끔하게 새로 고쳐진 것을 보았다. 뜻밖에 자기 우산이 봉사국에 있는 것을 본 정금이 사연을 물었다. 그 우산은 기석이 챙겨 맡아두었던 것이었다. 기석은 정금의 우산이 부러진 것을 보고 미안한 마음에 가져와 봉사국에 수리를 부탁하였던 것이다.

봉사국 노인이 사연도 모르고 "벌써부터 남자가 여자 심부름이나 하느냐면서 다음부터는 여자보고 직접 오게 하라"며 기석에게 핀잔을 주었었다. 노인은 기석에게 핀

잔을 주었지만 마음속으로는 기석을 훌륭한 군인, 훌륭한
청년이라고 생각하고 있었다. 기석처럼 '인민들의 작은 우
산 하나까지 챙기는 젊은이가 있어서 일할 의욕이 생긴다'
는 것이 이유였다.

선군시대 군인의 모범, 기석

해군 부대에서 갑판장으로 복무하는 기석은 이미 제대
명령을 받은 군인이었다. 제대 명령을 받았지만 조국이 필
요하다면서 떠나지 않고 있었다. 그러던 어느 날 저녁 비
상이 걸렸다. 비상 출동 하는 기석을 본 정금은 왠지 모를
불안감에 '무사히 다녀오라'며 안부를 걱정하였다.

정금의 바람과 달리 기석은 부상을 당하고, 휴양소에
입원하게 되었다. 정금은 기석의 어머니를 만나 한 통의
편지를 받았다. 아들 기석에게 보내는 편지였다. 휴양소에
있는 기석에게 전해달라고 부탁하였다. 군인 휴양소에서
기석을 만난 정금은 기석이 비상출동한 날에 부상을 당하
였는데, 정금에게 숨기고 있었다는 사실을 알게 되었다.

기석이 휴양소에 있으면서 홀어머니를 걱정하는 것을
본 정금은 휴가를 내서 기석의 어머니를 찾았다. 기석의

어머니가 몸이 불편한 것을 알게 된 정금은 기석의 집에 머물기로 결심한다. 기석에 대한 사랑도 있었지만 선군시대 군인이 충실하게 복무하기 위해서는 후방에 대한 걱정이 없어야 한다고 생각했다.

정금은 지극 정성으로 기석의 홀어머니를 모셨다. 정금의 정성스런 치료에 기석어머니의 병도 좋아졌다. 기석의 어머니가 큰 병원에 치료받으러 간 사이에 기석의 편지가 왔다. 어머니가 보고 싶고, 걱정이 된 기석이 보낸 편지였다. 기석은 편지에 '장군님 만나러 가는 길에 동네를 지나는데, 느티나무 아래로 나와 줄 수 있느냐'고 적혀 있었다. 기석을 비롯한 군인들이 탄 열차가 지나간다는 소식은 마을 전체에 전해졌고, 마을 사람들도 나와서 열차를 환영하였다. 정금은 느티나무 아래서 어머니를 보고 싶어하는 기석을 위해 어머니 대신 서 있었다. 먼 발치에서 정금을 어

머니로 생각한 기석은 어머니의 건강이 좋아진 줄로 알고 기뻐하였다.

기석은 휴양소에서 건강이 회복된 다음에도 제대 하지 않았다. 새로 들어 온 신임병사들이 제대로 일을 할 수 있을 지 걱정하면서 6년을 더 군대생활을 연장하였다. 제대를 앞두고 휴가를 받아 집으로 왔다. 기석을 위해 열린 잔치에서 마을사람들은 기석에게 제대명령을 받았는데, 학교로 갈 것인지 고향으로 올 것인 지를 물었다. 기석은 제대로 답변을 하지 못하였다.

그날 저녁 기석의 어머니는 기석이 군복을 벗기 어려워하는 마음을 알았다. 그리고는 기석의 뜻대로 군대로 들어가라고 말한다. 기석의 어머니는 '나는 내 자식을 나라에 바쳤다'면서 '총대로 장군님을 잘 받들어 모시는 길에 이 엄마의 행복도 너의 효자된 길도 있다'고 격려하였다. '정금이 그 동안 너무 고마웠는데, 이제는 떠나보내야 하는데 정이 붙었다'면서 정금을 떠나보내려 한다. 다음날 다시 부대로 들어가는 기석에게 정금은 '기다리겠다'고 말한다.

선군시대 여성의 전형, 정금

 기석의 어머니는 정금이 마음이 들었지만 안타까웠다.
'결혼도 안 한 처녀에게 언제 돌아올지 모르는 기석을 기
다리게 할 수는 없다'고 생각한 것이다. 집을 떠나기로 한
날이 되었다. 정금은 신부 옷을 입고는 기석의 어머니에게
인사를 올리면서, '이제는 어머니의 딸이고, 며느리라면서
함께 데려가 달라'고 하였다. 그렇게 해서 정금과 기석의
어머니는 같이 살게 되었다.
 그렇게 6년이나 더 군대생활을 한 기석이 마침내 제대
하게 되었다. 기석은 열심히 군대 생활을 하였고, 좋은 평
가를 받았다. 그런 기석에게 주변에서는 대학으로 가라

고 권하였다. 하지만 기석은 대홍단협동농장으로 가기로
결정하였다. 기석인 대홍단협동농장으로 자원하게 된 것
은 감자 때문이었다. 기석은 '장군님이 새롭게 감자농사
혁명을 이야기'한 것을 말하면서 새롭게 만들어진 대홍
단협동농장에 평생을 바칠 것을 다짐하면서 자원하여 진
출하였다.

기석이 대홍단으로 자원하자 정금은 기석을 만나기 위
해 대홍단을 찾았다. 대홍단에서 다시 만난 기석과 정금은
함께 새로운 삶을 살기로 결심한다. 대홍단으로 온 기석을

대홍단 제대 군인 집을 방문한 김정일 보도자료

환영하기 위해 나온 제대군인들에게 기석은 '제대를 연기한 6년 동안 뒷받침 해준 애인'이라고 자랑스럽게 정금을 소개한다.

대홍단에서 다시 만난 기석과 정금

이 정도 쯤 되면 나라에서 훈장이라도 주어야 하지 않을까? 훈장은 주어졌다. 영화의 마지막에는 김정일이 김정금을 만난 사연이 소개된다.

대홍단군종합현동농장에 파견된 제대군인 안해들 가운데 똑똑한 사람들이 많습니다. 지난해에 새로 지은 살림집에 찾아가서 만나 본 해군에 있던 제대군인의 안해가 괜찮았습니다. … 그는 남편된 사람이 군대에 있을 때 같이 할 것을 약속하고 6년동안 기다렸다가 대홍단협동농장에 온 지조 있는 여인입니다. ―김정일

〈기다리는 처녀〉의 이야기는 이후 여러 문학예술 작품의 소재가 되었다. 김정일의 현지 지도를 소재로 한 '총서 불멸의 향도' 장편소설 『대홍단』(김동욱 저)에서는 '기철'

과 '영애' 부부로 나온다.

해군군복이 군모와 함께 걸려있었는데 훈장과 메달들이 군복에 주런이 달려있었다.

"아직두 벽에 군복을 걸어놓구있는걸 보니 왜 영접보고를 했는지 알만하구만. 제대는 됐어두 군복은 벗지 않았단 말이요."

(…중략…)

두팔을 겯고 잠시 생각에 잠겨 창밖을 내다보시던 그이께서는 웃으시며 기철이네를 돌아보시였다.

"기철동무, 우리 사진을 한장 찍읍시다. 영애동무랑 함께. …."

그이께서는 마당에 나가 화단앞에서 제대군인부부를 옆에 세우고 기념사진을 찍으시였다.

—김동욱, 『'총서 불멸의 향도' 장편소설 대홍단』(문학예술출판사, 2014), 197~201쪽.

다음 그림은 예술영화 〈기다리는 처녀〉의 모티브가 된 이야기를 소재로 한 보석화 작품이다. 그렇게 정금과 기석의 이야기는 선군시대를 대표하는 청춘의 이상이 되었다.

〈기다리는 처녀〉를 모델로 한 미술 작품

심산궁곡(深山窮谷)에 피어난
도라지꽃과 같은 여성 지도자
: 〈도라지꽃〉

"여기에 수표하고 가세요. 다시는 고향 땅에 돌아오지 않겠
다는 죽어서도 고향 땅에 돌아오지 않겠다는 그런 맹세를 하
세요. 고향을 버리기가 그렇게 쉬운 줄 알았어요."

—예술영화 〈도라지꽃〉 중에서

북한판 새마을 운동 스토리 〈도라지꽃〉

〈도라지꽃〉은 1987년 조선 2·8예술영화촬영소 대덕산 창작단에서 제작한 예술영화이다. 남한에도 가장 많이 알려진 영화이기도 하다. 〈도라지꽃〉은 진송림이라는 여성을 주인공으로 하늘 아래 첫 동네라고 불리는 벽계리를 살기 좋은 이상적인 농촌 사회로 건설하는 내용이다. 전기도 들어오지 않는 궁벽한 산골마을을 남부럽지 않은 모범마을로 가꾸어 간다는 점에서 새마을 운동의 모범적인 여성지도자 이야기를 떠올리게 한다.

반백이 되어 고향을 찾아가는 박원봉

　수려한 산과 울창한 수림이 병풍처럼 둘러싸인 깊은 산
골 벽계리를 찾아가는 두 사람이 있었다. 울창한 산으로
둘러싸인 벽계리는 읍에서 다섯 고개를 넘어야 도착할 수
있는 심산궁벽이었다. 벽계리의 마지막 고개인 '눈물재'를
넘는 두 사람이 있었다. 머리가 반백이 된 박원봉이 아들
박세룡을 데리고 벽계리를 찾아가고 있었다.

　벽계리는 박원봉의 고향이다. 박원봉은 학교를 졸업하
고 사회 진출을 앞둔 아들을 데리고 27년 만에 고향을 찾
아오는 길이다. 고개를 넘던 박원봉이 벽계리로 가던 발걸
음을 멈추고 고갯마루에서 잠시 쉬고 있을 때였다. 아들이
어디선가 도라지를 캐왔다.

"아버지 이게 도라지가 옳아요? 도라지가 꽃이 곱다면 서요?"

"오~. 곱지."

박원봉은 아들이 캐온 도라지꽃을 보면서 27년 전을 떠올린다.

'꽃은 뿌리를 위해서 핀다. 이 마을은 언제인가 도라지라 불리우던 진송림이 나에게 한 말이었지. 진송림. 언제나 나의 첫사랑을 추억할 때면 그 추석 달밤부터 생각되는 것은 왠일인가.' 도라지꽃을 보고 가슴속에 꿈처럼 간직하였던 사연이 시작된다.

사무치게 그리운 고향

박원봉이 그리는 그녀의 이름은 진송림. 박원봉이 그리는 진송림과의 사랑이야기가 시작된다. 둥그런 보름달이 피어난 달밤. 진송림과 진송화 두 자매를 사랑하는 청년 원봉과 광석이 있었다.

벽계리는 아직 전기도 들어오지 않은 깊은 산골로 '하늘 아래 첫동네'라 불리는 깊은 산골이었다. 아직 전기도 들어오지 않았다. 송림과 송화 자매가 이야기를 나누고 있을

42

때였다. 뻐꾸기 소리가 들렸다. 원봉이가 송림을 부르는
소리였다. 속도 모르는 송화는 애꿎은 부엉이를 나무란다.

송화에게는 마을회관에서 토론이 있다고 말하고 집을
나온 송림은 기다리는 원봉이를 만났다. 송림은 '밤골 마
을 전망도를 그렸느냐'고 물어 본다. 송림이 말한 전망도
는 벽계리를 어떻게 발전시킬 것인가를 그린 전망도였다.
전망도를 받아들고 돌아서는 송림에게 원봉이 어렵게 말
을 꺼낸다.

"송림이, 달이 참 밝아."
"아이 참, 추석달이니까."
"그건 그렇고, 송림이, 난 이렇게 보름달이 뜨기를 얼마나
기다렸는지 몰라."

"아이 참 보름달은 내 달에도 또 뜰텐데 뭐."

　원봉의 속마음을 모를 리 없는 송림이었지만 부끄러웠
다. 말은 그렇게 하였지만 송림 역시 원봉을 마음속에 담
아두고 있었다.

　다음 날 원봉이가 그린 전망도는 마을 어귀에 붙었다.
마을 사람들은 원봉이가 그린 전망도를 보면서 기뻐하였
다. 그리고는 도토리를 따기 위해 산으로 올라갔다. 송림
은 더 많은 도토리를 따야 한다면서 도토리나무 위로 성
큼성큼 올라가고, 언니에게 바구니를 가져오라고 하였다.
송림이 바구니를 가지러 간 사이에 박원봉이 송림이 있는
나무 밑으로 왔다. 그리고는 두 손을 모으고 뻐꾸기 울음
소리를 냈다. 어젯밤 버꾸리 소리였다. 그러자 송림이 나

타났다. 원봉이는 꽃이 피어 있는 도라지를 꺼내 송림에게
주었다.

"자, 송림이가 제일 좋아하는 도라지꽃."
"도라지철이 언젠데, 아직 이런 꽃이 있어."
"내 심장 속에 피었지."
"고마워 난 산 속의 꽃 중에 이 보라색 도라지꽃이 제일
좋아. 진달래는 날 좀 보아 주세요. '내가 곱지요' 하고 산기슭
에 핀다면 도라지꽃은 '제발 절 보지 마세요. 부끄러워 못 견
디겠어요' 하구 나만 보는 곳에 혼자 핀다나."

도시에서 성공을 꿈꾸는 원봉

그렇게 두 사람은 서로에 대한 사랑을 키워 나갔다. 원
봉은 징용으로 끌려간 아버지도 돌아오지 않고, 어머니도
잃은 고아 같은 존재였다. 송림과 송화도 부모를 잃고 자
매끼리 서로를 의지하면서 살아가던 사이였다. 그렇게 사
랑하던 송림과 원봉 두 사람은 헤어진다.
성공하고 싶었던 박원봉이 마을을 떠난 것이다. 전기도
없던 벽계리에 전기가 들어오게 되었다는 소식이 들려오

고 벽계리 사람들은 기쁜 마음으로 전기선을 잇기 위한 건설에 나섰다. 박원봉의 마음은 편하지 않았다. 전기가 들어온다고 해도 신세가 크게 바뀔 것 같지 않았다. 이런 박원봉을 바라보는 송림의 마음도 불안했다. 박원봉은 '긴히 할 이야기가 있다'며 달이 뜨면 폭포 아래로 나오라고 하였다.

송림을 만난 원봉이 편지 한 통을 보여 주었다. 도시에 사는 원봉의 삼촌이 직장을 알아보았으니 오라는 편지였다. 원봉은 송림에게 함께 가자고 하였다. 송림은 망설였다. 고향을 떠난다는 것이 왠지 내키지 않았다. 원봉의 생각은 완고했다.

"어디 가서나 다 정들면 고향이지. 왜 이 심산골짜기에 무슨 미련이라도 있어. 여기에 무슨 생활이 있어. 영화를

제대로 볼 수 있나. 옷을 입어도 보여줄 대가 있나. 송림 이제 내 아내나 같지. 청춘의 갈림길에 놓여져 있다고 할 수 있어. 생활을 선택할 수 있는 자유는 누구에게나 있어."

그랬다. 벽계리에 전기가 들어온다고는 했지만 언제 들어올 지 막연했다. 전기선은 아직 눈물재도 넘지 못하였다. 영화를 한 번 보기 위해서는 달구지를 타고 사십여 리 길을 걸어 읍내까지 나가야만 했다. 그렇게 마을 사람들과 함께 달구지를 타고 영화를 보러 간 원봉은 영화 속의 화려한 도시를 보면서 송림과 함께 도시에 나가 멋있게 사는 모습을 생각했다. 원봉은 그렇게 도시로 나가 송림과 결혼하고, 성공해서 행복하게 사는 꿈을 꾸었다. 그리고 송림에게 함께 가자고 하였다.

나고 자란 고향인가? 사랑하는 연인인가?

다음날 원봉은 결심을 했다. 고향을 떠나기로 했던 마음을 실천에 옮겼다. 진송림은 그런 원봉을 눈물로 말렸다. "십년만 기다리자요. 그럼 여기도 좋아질 거야. 난 자기밖에 없어, 다시 한 번 생각해 줘."

원봉 역시 송림을 사랑하고 있었다. 하지만 자신의 희망과 포부를 그만 두기 싫었다. 원봉은 송림에게 마지막 통보를 하였다. "송림이, 나 역시 너 없이는 못살겠다. 마지막으로 묻지. 나와 함께 가겠어 안 가겠어. 좋아 난 너를 버리면 버렸지, 내 희망, 내 포부를 버릴 수 없어."

송림은 원봉의 결심이 굳다는 것을 알았다. 원봉과 같이 할 수 없음을 알았다. 송림은 성공의 길을 찾아 나서는

원봉에게 이별을 통보한다.

"그게 정말이야. 그럼 잘가."

"뭐라고. 후회 말어, 인생의 기회는 한 번이야."

원봉도 송림과 헤어지기가 싫었다. 그렇게 마지막으로 물어 보았지만 송림의 마음은 변함이 없었다. 마침내 원봉은 발길을 돌린다. 그렇게 고향을 떠나는 박원봉의 앞에 송림의 동생 송화가 버티고 있었다. 언니를 버리고 고향을 떠나는 남자에게 복수라도 하려는 것일까. 아니었다. 송림은 박원봉에게 단단히 각오를 받고자 하였다.

"가려거든 이 걸 짓밟고 가세요."

송화가 손으로 가리 킨 곳에는 벽계리 마을 전망도가 있었다. 자기 손으로 그린 전망도를 자기 발로 밟고 가라는 것이다. 차마 자신이 그린 전망도를 밟지 못하고 돌아

가려는 원봉에게 송화가 죽기 살기로 막아선다.

"날 죽이고 갈 수는 있어도. 그냥은 절대 못가."

송화의 뜻도 분명했지만 원봉의 뜻도 완강했다. 원봉은 자신이 그린 전망도를 밟고 송화 앞에 다가섰다. 송화는 '한 가지 더 남았다'면서 수첩을 꺼내 들었다. "여기에 수표하고 가세요. 다시는 고향 땅에 돌아오지 않겠다는 죽어서도 고향 땅에 돌아오지 않겠다는 그런 맹세를 하세요. 고향을 버리기가 그렇게 쉬운 줄 알았어요."

송화가 내민 수첩에는 "나는 영원히 고향을 버리고 간다. 다시는 돌아오지 않겠다는 맹세를 한다"고 적혀 있었다. 수첩을 받은 박원봉은 수표를 하고는 '다시는 벽계리로 돌아오지 않겠다'면서 고향을 떠났다.

내가 나고 자란 고향을 모범 농촌으로

그렇게 사랑하는 사람을 떠난 보낸 송림은 홀로 산 위로 올라가 눈보라 속에서 전봇대감으로 쓸 나무를 날랐다. 송림 혼자가 아니었다. 그런 언니를 바라보는 송화의 가슴도 찢어졌다. 송화는 언니와 함께 나무를 나르기 시작했다. 송림은 떠나간 애인 원봉을 탓하지 않았다.

"어쩌겠니, 여기가 못하는 고장이라고 떠나는 거. 사람마다 자기의 행복을 찾아갈 권리가 있지 않니."

"그러나 우리가 잘 살게 되었을 때 다시 돌아오지는 못해."

"잘살 때! 송화야! 넌 정말 우리가 잘 살게 될 것이라고 믿니."

"믿어, 우린 기어이 우리 고향을 행복의 낙원으로 행복의 낙원으로 만들고야 말테야."

송림과 송화는 남들은 백 년이 걸린다고 하지만 우리는 꼬옥 10년 안에 잘사는 동네로 만들자고 결심을 하였다. 그렇게 마을을 가꾸어 가던 어느 날 송림에게 전보가 왔다. 박원봉이 보낸 편지였다. 역으로 나오라는 전보를 받고 한 걸음에 달려간 송림은 그렇게도 그리던 원봉과 재

회한다. 그렇게 마음으로 그리던 원봉을 만난 송림은 꿈과 같았다. 송림은 원봉을 보면서 어서 고향으로 가자고 재촉했다.

"다시 돌아올 줄 알았어요. 어서 가요."

하지만 아니었다. 원봉은 고향으로 다시 돌아온 게 아니었다. 지나가다 잠깐 들린 것이었다. 원봉은 송림을 아직도 잊지 못하고 있었다. "송림, 다시 생각해봐. 이 기회가 정말 우리 둘 사이에 마지막 기회야"라면서 송림에게 함께 떠나자고 하였다.

원봉은 친구가 주선해 준 직장을 찾아 원산으로 가는 길이었다. 고향을 떠난 이후 원봉은 외삼촌에게 있다가 직장이 시원치 않아서 이곳 저곳을 기웃거리다 원산에 있는 친구가 직장을 주선해 주어서 원산으로 가는 길에 들린 것이었다. 원봉은 다시 한 번 송림에게 같이 가자고 하였다. "도시에 처녀가 없어서 이렇게 찾아 온 줄 알아. 가지."

송림은 원봉과 생각이 달랐다. "강냉이밥에 토장국을 먹어도 자기가 나서 자란 고향에서 살겠어요. 남의 집에 가서 이밥에 고기국을 얻어먹느니, 차라리 제 고장에서 제 손으로 가꾼 강냉이밥으로 보람을 느끼고 살고 싶어요." 송림은 원봉에게 고향으로 가자고 하였다. "그런 산골이 뭐가 좋느냐"는 원봉에게 "고향을 욕하지 말고 고향에서

52

행복을 찾자"고 울면서 매달렸다.

"잘나고 못나도 우리 고향이 제일 아니야. 제발 자기 고향을 욕하지 말아요 마지막으로 말하겠어요. 그런 뜨내기 생각을 가지고선 어디서든지 행복을 찾지 못하요. 마지막에 가서는 꼭 후회하게 될 거예요."

"좋아 마지막에 가서 누가 후회하는지 보자고."

그렇게 두 사람은 영영 헤어진다. 떠나가는 기차를 돌아보면서 한없이 눈물을 흘리는 송림은 더욱 좋은 마을로 가꾸고야 말겠다는 각오를 다진다. 송림은 원봉과 영영 헤어졌지만 송화는 원봉의 친구 광석과 결혼을 하고 가정을 꾸린다.

헌신의 화신, 진송림

진송림은 골짜기에 뿌리내린 도라지꽃처럼 자기 고향 땅을 가꾸기 위해 밤낮으로 열심히 일한다. 마을 지붕도 걷어 내고 새로운 집으로 만들고, 도로도 새로 냈다. 박원봉은 떠나갔지만 그가 그린 전망도 대로 마을을 가꾸어 나갔다. 송림과 마을 사람들의 노력으로 벽계리는 점점 좋은 마을로 변화되어 갔다.

그러던 어느 날이었다. 장마철이 되었다. 거센 바람이 불고 폭우가 쏟아지기 시작했다. 송림은 산기슭에 양떼목장에서 양들을 안전한 곳으로 옮기고 있었다. 무사히 모든 양들을 안전한 곳으로 옮겼다고 생각하는 순간 어미양이 보이지 않았다. 바로 당에서 키우라고 내려준 양이었다.

그 어린 양으로부터 시작해서 지금은 남부럽지 않은 목장을 가꿀 수 있게 했던 바로 그 어미 양이었다. 사람들은 말렸지만 송림은 그 양을 구해야겠다는 마음으로 달려갔다. 어미양을 찾아 나오다가 그만 산사태에 깔려 목숨을 잃는다. 송림이 죽은 다음 송림의 동생 송화가 나서서 마을 가꾸기 사업에 앞장섰다. 벽계리는 마침내 살기 좋은 마을로 뽑힐 만큼 달라졌다.

고향을 찾았으나 갈 수 없는 원봉

한편 고향을 등지고 도시로 나왔지만 고향에 대한 쓰라린 추억을 안고 사는 박원봉은 하루도 마음 편한 날이 없었다. 후회를 하였지만 이미 늦은 시간이었다. 뒤늦게나마 모든 것을 내려놓고 용서를 구하고 싶었다.

박원봉이 뒤늦게 아들과 함께 고향을 찾아 온 이유도 여기에 있었다. 사회 진출을 앞둔 아들을 데리고 고향 땅에 영원히 뿌리내리도록 하기 위해 찾아오는 길었다. 하지만 원봉은 벽계리로 들어갈 수 없었다. 그렇게 그리던 고향이었지만 송화와의 약속이 마음에 걸렸다. '다시는 벽계리를 찾지 않겠다'면서 서명까지 하고 떠나던 날을 떠 올리면서 고향땅 앞에서 발길을 멈추었다.

그렇게 고향 땅을 밟지 못하는 아버지를 대신해 벽계리를 찾은 박원봉의 아들은 마을 사람들이 모인 자리에서 아버지 박원봉의 속죄편지를 읽으면서, 용서를 구하였다. 그리고는 '아버지처럼 제 둥지를 버리고 날아 가버리는 철새처럼 살지 않겠다'는 결심을 한다.

숨은 영웅 찾기와 〈도라지꽃〉

북한에서 〈도라지꽃〉은 향토애가 조국애라는 주제를 본격적으로 제시한 작품으로 평가된다. 조국애라는 것은 항일혁명투쟁이나 전쟁영웅 못지않게 자기가 살고 있는

곳에서 묵묵히 사회주의 발전을 위해 일하는 것임을 보여준다는 것이다. '숨은 영웅 찾기 운동'이 본격화된 시기에 진정한 영웅이란 어떤 영웅이어야 하는 지를 보여주는 대표적인 영화이다.

한편으로 북한영화사에서 〈도라지꽃〉은 1980년대 북한 영화계를 대표하는 최고 수준의 작품으로 평가 받는 영화이다. 1987년 평양에서 열린 제1차 평양영화축전(정식 명칭은 '블럭불가담 및 기타발전도상 나라들의 평양영화축전')에서 〈도라지꽃〉은 최우수 작품상, 최우수 시나리오상, 최우수연기상을 수상하였다. 영화에 대한 높은 평가와 함께 영화의 주인공이었던 오미란은 북한 최고의 스타가 되었고, 30대의 젊은 나이에 북한 최고의 예술인에게 수여되는 '인민배우' 칭호를 받았다.

조국을 위해
과학자로 헌신하는 처녀엄마
: 〈하나의 생각〉

"너는 확실히 변했구나. 지금 우리에게는 모든 것이 부족해.
우리 인민들은 붉은 기를 높이 흔들면서 간고한 투쟁을 벌이
고 있는데, 우리 일부 과학자들이 흔들리고 있다. 자기만의
안위를 생각하는 과학자도 있다. 그리고 나처럼 당에서 제기
한 문제를 해를 넘기면서도 해결하지 못한 과학자가 있다.
그런 과학자들이 천만이 있다면 무슨 필요가 있단 말이냐."
"우리나라의 원료로 우리 인민의 입는 문제를 해결한다면 자
신의 평생 소원 중에 하나가 풀리겠다며 뜨겁게 말하던 어버
이 수령님의 유훈교시를 아직도 관철하지 못한 죄많은 과학
자입니다."

　　　　　　　—예술영화 〈하나의 생각〉 중에서

여성이여 과학의 길로

예술영화 〈하나의 생각〉은 조선예술영화촬영소에서 제작한 75분 길이의 영화이다. 전문작가의 작품이 아닌 군중문학창작당선 작품이다. 주인공 정임을 통해 여성 과학자의 본보기를 제시한 영화이다. 여성 과학자라고 해서 가정에 머물지 말고 적극적으로 생산 현장에서 혁신을 높일 수 있는 과학 사업을 완수하라는 주제이다.

영화의 내용이나 주제의 면에서 2006년에 나온 〈한 녀학생의 일기〉에 비견할 수 있다. 〈한 녀학생의 일기〉가 생산현장의 혁신을 위해 노력한 남성 과학자 김사명을 모델로 한 영화라면 〈하나의 생각〉은 인민의 입을 거리 해결을 위해 노력한 여성과학자의 전형을 그린 영화이다.

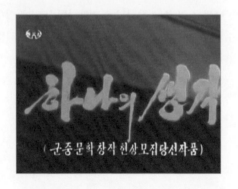

가정과 연구 사이의 갈림길에 선 정임과 미향

연구소의 실장 정임과 연구원인 순아 두 사람은 깊은 산골짜기를 헤매면서 길을 가고 있었다. 거센 빗줄기 속에서 험준한 산길을 달려가는 두 사람은 연구소의 실장과 연구원이었다. 그렇게 산길을 달리면서 시간을 아껴 급하게 연구소에 온 이유는 연구소로 가져 갈 시료 때문이었다. 연구원인 미향이의 실험에 반드시 필요한 시료를 가져가면서, 연구가 늦어질까 험한 산길을 가로질러 달려왔던 것이었다.

정임은 온 몸으로 시험과 연구만 생각하는 과학자였다. 하지만 정임이 연구소에 도착하여 제일 먼저 들은 말은 미향이 정식으로 사직서를 냈다는 소식이었다.

미향이 사직서를 썼다는 것을 알게 된 정임은 충격이

컸다. 미향에게 사직서를 내지 말라고 말렸다. "이제 합성 의료 시험만 성공하면 백 프로 우리 원료로 옷을 만들 수 있는데 이제 와서 그만 두겠다는 것이 무슨 말이냐"면서 간곡하게 말렸다. 하지만 미향의 생각은 확고했다.

미향은 '자신도 여자'라면서 '과학과 가정 중에서 하나를 택해야 할 때가 되었다'고 선언한다. 연구와 가정 일을 병행할 수가 없고, 더 이상 남편 볼 면목이 없다면서 사직서를 내겠다고 말한다. 미향은 정임에게 "언니는 이런 저의 마음을 어떻게 아시겠어요. 시집도 못가 본 처녀가 어떻게 가정생활을 알겠느냐"며 사직서를 쓰겠다는 마음을 돌리지 않았다.

이때 두 사람의 말을 듣고 있는 한 여학생이 있었다. 정임의 딸인 명애였다. 오늘은 마침 명애의 생일이어서 엄마를 찾아왔다가 두 사람의 말을 듣게 된 것이다. 명애는 두 사람의 이야기를 듣고는 깜짝 놀랐다. '엄마가 어떻게 결혼생활도 해 보지 않았다'는 것이 무슨 말인가 의아했다. 미향에게 '무슨 말이냐'고 물어보았지만 미향은 잘못 들었다고 둘러댄다. 집으로 돌아온 정임은 잠자는 명애의 방에 왔다가 책상 위에 놓인 일기장을 보고서 명애가 두 사람의 대화를 들었다는 것을 알게 된다.

미향이 사직서를 냈다는 소식을 들은 미향의 남편도 연

구 사업을 계속해 보라고 권한다. 하지만 미향은 17년 동안이나 성공하지 못한 합성의료 시약을 뽑는 실험이 어떻게 성공할 수 있겠느냐며 받아들이지 않는다. 미향이 17년 동안 연구한 것은 '해청암 연구'였는데, 독성물질이었다. 미향은 그 동안의 연구를 통해 해청암이 독성이 있다는 것을 수치로 확인하였기 때문이었다. 더 이상 실험을 지속해도 결과를 확인할 수 없다고 생각하고는 17년 동안의 연구를 그만두려 하였다.

연구소의 부소장도 미향의 입장을 이해하였다. 독성이 있다는 것을 알고 실험을 중지하라고 하였다. 정임은 '안전장치를 하면 된다'고 하였다. 하지만 '해청암에서 합성의료 시약을 뽑는 일은 신중하게 처리하자고, 그게 몇 프로나

군중대회에 나온 '과학기술중시' 구호

들어간다고 수입하면 되지 않겠소'라고 하면서 정임을 말렸다.

"유훈교시를 관철하지 못한 죄 많은 과학자입니다"

실험에 대해 고민하고 있는 정임의 집으로 미향이 책을 들고 인사차 찾아왔다. 정임은 '우리가 하는 일이 얼마나 의미 있는 일'인지를 말하면서, 미향의 마음을 돌려보려 하였지만 미향의 생각은 변함이 없었다. 미향은 '우리가 지난 17년의 시간을 어떻게 보냈느냐'고 반문하면서 자신의 입장을 이해해 달라고 말한다.

이런 미향에게 정임은 "지금 우리의 사정이 좋지 못하다. 그렇기 때문에 고난의 행군'의 간고한 정신을 요구하

고 있는 게 아니냐"면서 설득하였다. 미향도 할 말이 있었다. "그렇기 때문에 지난 17년 동안 연구한 것이 아니었나요. 다음에는 되겠지, 다음에는 되겠지. 그렇게 하면서 17년이 지났어요. 그런데 지금 우리 형편에서 성공이 언제 있게 되겠는지" 하면서 이해를 구하였다.

미향의 태도에 실망한 정임은 강한 어조로 말한다. "너는 확실히 변했구나. 지금 우리에게는 모든 것이 부족해. 우리 인민들은 붉은 기를 높이 흔들면서 간고한 투쟁을 벌이고 있는데, 우리 일부 과학자들이 흔들리고 있다. 자기만의 안위를 생각하는 과학자도 있다. 그리고 나처럼 당에서 제기한 문제를 해를 넘기면서도 해결하지 못한 과학자가 있다. 그런 과학자들이 천만이 있다면 무슨 필요가 있단 말이냐"면서 자책하였다. 미향이 떠난 다음 정임은 수령님을 생각하면서, '우리나라의 원료로 우리 인민의 입는 문제를 해결한다면 자신의 평생 소원 중에 하나가 풀리겠다며 뜨겁게 말하던 어버이 수령님의 유훈교시를 아직도 관철하지 못한 죄 많은 과학자입니다'면서 자책한다.

목숨을 건 실험은 계속되고

연구소의 연구원들도 핵심 연구원인 미향의 사직을 만류하려고 설득하였지만 미향은 사직의 뜻을 굽히지 않았다. 연구원은 '변절이 뭐 별것인가', '인생관이 비뚤어졌어요' 하면서 미향을 만류하였지만 '내 인생관을 건들지 마라'면서 퇴직 절차를 밟았다.

홀로 남은 정임은 독소가 나오는 위험한 연구 환경 속에서도 실험을 계속했다. 미향이 연구소를 그만두러 나온 날 정임은 독소 물질을 없애는 실험을 계속하다 새어 나온 가스에 취하여 쓰러진다. 다행히 실험실에 들린 미향이 정임을 구하는 바람에 큰 사고는 나지 않았다. 하지만 연구소에서는 중지하지 않으면 행정권을 발휘할 것이라면서 실험 중단을 요구하였다.

고민하는 정임에도 부실장을 비롯한 젊은 과학자들이 찾아왔다. 젊은 과학자들은 정임에게 물러서지 말고 실험을 계속하자면서 정임을 격려하였다. 젊은 과학자들이 달려들어 실험기계를 다시 정비하고 실험은 계속된다.

과학자의 길이란 무엇인가

한편 연구소를 떠났던 미향은 다시 정임을 찾아왔다. 정임에게 이제는 논문도 쓰고 가정도 꾸리라고 말한다. 이런 미향에게 정임은 "과학자에게 가정은 무엇을 위해 필요한 것인가. 나에게 가정생활이 필요하였다면 그때 가정을 꾸렸을 것이다"면서 17년 전 김광민 실장의 일을 떠올린다. 17년 전 정임은 연구사로 김광민 실장의 조수로 있었다. 정임이 논문을 쓰고 발표를 앞두고 있을 때, 김광민은 정임의 논문 발표를 미루게 하고 자신이 직접 실험을 하고 있었다. 당시 정임은 김광민 실장의 수석조수로 일하고 있었고, 명애는 갓난 아이였다. 김광민 실장은 정임이 제기한 논문을 실험하고 있었다. 김광민 실장의 실험은 성공하였고, 이로써 정임의 논문은 실천적으로 증명되었다

고 기뻐하였다.

그러나 과학발표를 앞두고 돌아온 정임은 김광민 실장
이 치졸하게 자기의 공이 빼앗으려는 것으로 오해하였다.
정임은 김광민 실장에게 '자기 밖에 모르는 철면피, 위선
자'라고 비판하였다. 김광민을 원망하면서 정임이 연구소
를 떠나려 하였는데, 미향은 그 동안 김광민 실장의 일을
이야기해 주었다. 정임은 미향에게서 김광민 실장이 심장
병으로 사형선고를 받은 몸이었지만 그것을 숨기고는 정
임을 위하여 실험을 하였다는 사실을 알게 되었다. 진실을
알게 된 정임은 진심으로 미향에게 사과하였다. 그리고는
속죄의 마음으로 명애를 키웠던 것이었다.

정임의 친딸이 아니라고는 생각지도 않았던 명애가 그
사실을 알게 되었다. 정임의 연구소에 들린 명애는 정임이
잠시 자리를 비운 사이 17년 전 정임이 명애를 맡아서 키
우겠다고 써 놓은 일기장을 보았다.

명애는 부소장을 찾아가 정임이 '친어머니가 아니냐'고
물었다. 부소장은 명애에게 모든 사실을 말해주었다. 부소
장은 명애에게 '어머니는 잘못이 없다'면서, 정임이 속죄
라고 한 것은 '순결한 마음에서 나온 것'이라면서, '어머니
에게 남은 것이 무엇이냐'며 엄마를 격려해 주라고 부탁

하였다.

부소장은 실험이 계속 실패하는 것을 보고는 실험을 그만두기로 하였다. '합성의료 시약을 수입하는 것으로 결정'하라고 한다. 부소장은 '담당 연구사인 정임의 수표(싸인)만 있으면 된다'면서 정임에게 수표를 요구한다. 하지만 정임은 '10년 전 장군님께 백퍼센트 우리 시약을 만들어 보자'고 맹세하였던 일을 이야기하면서 수표를 거부한다. 정임의 말을 들은 부소장도 10년 전의 일을 생각한다.

10년 전 경축공연을 앞두고 공연을 보러 가자고 말하는 부소장에게 정임은 '자신은 큰 죄를 지었다'는 고백을 하였다. 사람들은 정임의 고백이 의아했다. 무엇을 잘못했는지 알 수 없었다. '장군님께서 정임이 뽑은 고급 옷감을 크게 칭찬해 주지 않았느냐'면서 반문했다. 정임은 '아무 부끄럼 없이 수입 원료가 섞인 옷감을 내놓았는데, 장군님

께서는 이것을 백 프로 우리 원료로 만들 수 없느냐'고 말했다는 것이다. 장군님의 말을 듣고는 '백 프로 우리 원료로 옷감을 만들겠다'고 다짐했던 기억을 떠올렸다.

여성의 행복은 가정에 있는가, 조국에 있는가

연구소에서 집으로 온 정임에게 명애는 '자기를 잘 키워주어서 고맙다'면서, 사실을 알게 되었다는 것을 밝힌다. 그리고 진심으로 감사의 말을 하면서, '새로운 가정을 꾸리라'고 말한다. 하지만 정임은 그럴 생각이 없었다. 명애는 정임이 새로운 가정을 꾸미는 것에 마음이 없다는 것을 알고는 '저는 박사가 된 어머니가 보고 싶어요. 꼭 박사가 되어 달라'고 부탁하면서 '제발 박사논문을 쓰라'고 당부한다. 정임은 명애에게 말한다. '성과가 곧 학위가 되는 것이 아니다'라면서 명애를 설득한다. 명애가 정임에게 박사학위를 따라고 한 것은 아버지처럼 이름 없이 사는 것이 싫었기 때문이었다. '아버지가 깨끗하게 살았지만 남은 것이 무엇이냐'면서 정임도 아빠처럼 살지 말고 이름을 남기는 삶을 살았으면 하는 바람이었다. 정임은 그런 명애의 마음을 알았지만 '장군님을 진심으로 따르려 했던 아버지를 무시하는 명애가 자식으로서 자격이 없다'고 나무랐다. 명애는 자신의 마음을 이해하지 못하는 정임에게 실망하고는 집을 나갔다.

다음날 연구소를 떠났던 미향이 사죄의 마음으로 다시 연구소를 찾아오고, 명애도 미향으로부터 아버지에 대한 이야기를 듣고는 집으로 들어간다. 최종 실험을 앞두고 실험실을 찾은 정임은 연구소로 돌아온 미향을 반갑게 맞이한다. 두 사람의 연구는 계속되었다. 마침내 독성물질 제거 방법이 찾아지고, 이제 최종 실험만을 앞두게 되었다. 정임은 방법은 찾아졌지만 실험과정에서 독성물질이 분출될 것이 걱정되었다. 정임은 혼자서 신평화학 공장으로 가서 마지막 실험을 진행할 생각을 굳혔다. 미향은 미향대로 정임의 속마음을 읽었고, 연구사들도 정임의 생각을 마

음으로 읽어낸다.

정임은 연구사들을 따돌리기 위해서 꾀를 냈다. '모두들 큰 실험을 앞두고 긴장을 풀자'면서 이번 일요일에는 교예관람을 조직하자고 제기하였다. 위험할 수 있는 마지막 실험을 앞두고 미향은 잠을 이루지 못하였다. 그리고는 정임을 따라 마지막 실험에 참가하기로 하였다. 이른 아침 신평화학 공장으로 가는 길목으로 나온 정임의 앞에는 미향과 연구사들이 모두 나와 있었다. 모두 한마음이라는 것을 확인한 정임과 연구사들은 신평화학 공장에서 최종 실

여성과학자를 그린 포스터
(2015년 서울시립미술관 북한프로젝트 포스터 중에서)

험을 진행하였다. 실험은 성공하고 연구사들은 크게 기뻐하였다. 정임의 실험이 성공하면서 의류 공장에서는 새 원료로 만든 고급 옷감들이 생산되기 시작하였다.

북한 경제와 의복 문제

1990년대 중반 이후 경제난으로 인해 의복공급이 원활하게 이루어지지 못하면서 북한 주민들이 스스로 의복을 입거나 시장을 통해 구입하는 경우가 많아졌다. 최근에는 시장이 활성화되면서 경제적 능력에 따라서 옷차림도 차이가 많아졌다. 시장을 통해서 일부 상류층에서는 고가의 외제옷을 구매하기도 한다.

북한에서 복식은 통제 대상이 하나이다. 천리마 시대에는 여성에게 짧게 입을 것을 권장하였다. '짧은 치마는 보기에도 좋고 활동에도 편리하며 천도 많이 절약'된다는 것이 이유였다. 긴치마는 '잔치를 할 때나 명절 같은 때 그리고 외국손님을 맞이할 때 예복으로 입을 것'을 권장했다. 자본주의 체제에서 의복은 개인의 취향이나 유행의 문제이지만 북한에서는 정치사회적인 생활 영역이다. 북한주민의 옷차림은 정책에 영향을 받고, 정책에 따라 바뀠다.

북한 경제가 상대적으로 좋았던 1980년 초반 김일성은 평양시민들의 옷차림이 다양하지 못한 것을 개선해야 한다고 지적하였다. '평양시민들이 화려하고 맵시 있는 옷을 입지 않고 옷차림을 되는대로 하고 다니기 때문에 도시가 환하지 못하다'는 지적이었다. 경공업 분야의 일군들이 노력해서 시민들의 옷을 여러 가지 색깔로 꼭 맞게 해 입고 다닐 수 있도록 해야 한다고 강조했다.

심지어 '여성들이 옷을 화려하게 입고 다니는 것을 시비하는 것은 옳지 못하다'고까지 하였다. 여성들은 자기 몸매와 계절에 맞게 모자와 수건도 쓰고 꽃양산도 쓰고 다니는 것이 좋다고 권장하였다. '생김새와 나이, 직업에

맞게'라는 애매한 테두리를 정하기는 하였지만 다양하게 하는 것이 좋다고 하였다.

다양한 옷차림을 하기 위해서는 물적인 토대가 있어야 한다. 다양한 옷차림이 가능하려면 다양한 옷을 생산할 수 있어야 한다. 〈하나의 생각〉은 인민들의 입을 거리를 위해서 외부에 의존하지 않고, 자체적으로 모든 필요한 원료를 만들고 과학자들이 목숨을 걸고 실험을 하고 있다는 메시지를 전달한다.

대체로 북한에서 권장하는 복식은 단정함과 간결함, 실용적이면서 기능성을 갖춘 것이다. '깨끗하고 단정한 옷차림'을 기본으로 하면서 '다양한 옷차림'을 통해 미감을 나타내야 한다고 강조한다. 옷차림에 사회적 의미를 부여한 것이다. 1990년대부터는 민족성이 결합되었다. 사회주의적 미감에 더하여, 조선옷을 통해 '민족의 고유한 특성'을 보여주자고 하였다. 구체적으로 어떤 옷차림을 해야 하는지는 교양방송이나 옷 전시회, '따라 배우기 운동' 등을 통해 인민에게 제시한다. 남한 주민들은 유행에 민감하면서도 꼭 같은 옷을 입고 싶어 하지 않지만 북한에서는 같은 옷을 입는 것을 선호한다.

북한에서 제시하는 옷차림은 시대의 미감에도 맞으면서도 인민의 요구가 잘 반영된 것이다. 하지만 이러한 의

복정책이 인민의 생활 전반에까지 영향을 미치는 것은 아닌 모양이다. 정책이 미치지 못하는 곳에서는 옷차림도 다양해지는 추세이다.

남조선풍으로 불리는 옷차림도 많아졌다. 남한 드라마에서 유행한 패션이 그리 긴 시간을 지나지 않아서 유행할 정도라고 한다. 아무리 '사람들이 자주의식을 마비시키고 사회악을 만들어 내는 생활양식'이라고 규정해도 감각적인 세련미를 추구하는 미감(美感)에 대한 욕망은 어쩔 수 없는 모양이다.

북한 봉사소에 걸린 여성 헤어스타일

발전소 건설에 나선
식료공장 여성노동자들
: 〈녀인의 손〉

정말로 할 수 있을까 걱정하는 옥분에게 수련은 군대에 있었
던 일을 이야기하였다. 해양대 사령관을 하던 겨울이었다. 어
버이 수령님이 찾아와 "우리의 손이란 남에게 내밀라고 있는
것이 아니라 제 것을 창조하라고 있는 것"이라고 말하며 "손
과 마음이 같아야지"라고 하면서, '항일유격대의 여대원들을
투쟁을 모범으로 삼으라'고 격려하였다는 것이다.

식료공장에게 제기된 전력 문제

〈녀인의 손〉은 1995년 조선예술영화촬영소에서 제작한 90분 길이의 영화이다. 여성이라고 해서 남성에게 의존해서는 안 되며, 자체적으로 해결해 나가야 한다는 주제의 영화이다.

여자도 자립적인 존재라는 것을 강조하면서도 남녀의 문제로 부부 간에 갈등을 겪는 이야기라든가, 집에서 구멍탄을 만드는 모습, 교차생산 때문에 시간이 되어 전기를 끊어야 하는 장면에서 북한의 심각한 에너지 문제를 엿볼 수 있다. 여성이 나서서 에너지 문제를 해결하려고 하자 남자들은 '여자들이 무슨 일을 하겠느냐'면서 웃는다. 여성들도 처음에는 '여성'이 어떻게 하겠느냐고 생각하지만

주체적으로 나서는 수련의 모습을 보면서 주체적인 여성
으로 거듭난다.

공장의 여성들 발전소 건설에 나서다

산골 광산마을 식료공장의 여성 종업원들이 식료품 생
산에 필요한 다시마를 가지러 왔다가 모여서 높이뛰기를
하였다. 높이뛰기를 하는 것은 지난번 체력검정에서 높이
뛰기에서 모두 불합격 맞았기 때문이었다. 체력검정에서
'여자들이기 때문에 봐주겠다'고 하였지만 '그럴 수 없다'
면서 제대로 평가해 달라고 하였다. 그렇게 제대로 된 평
가에서 모두 불합격 판정을 받았다.

공장원들을 보면서 지배인인 수련은 '남자들보다 더 잘한다는 마음을 가져야 한다'면서 열심히 연습할 것을 강조하였다. 수련은 경력이나 추진력에서 남자 못지않았다. 이미 다시마 양식장이며, 배나무과수원이며 필요한 원료 생산 기지를 자체적으로 건설한 강단 있는 여성이었다.

수련이 지배인으로 있는 공장에서 가장 큰 문제는 전력이었다. 전력이 충분히 공급되지 않았다. 전기 부족으로 공장은 자주 멈추었고 생산도 차질을 빚었다. 기름공장에서는 정전이 되면 기름이 식어서 생산에 막대한 영향을 받게 되기 때문에 전력이 끊어지면 공장원들은 기름이 식지 않도록 갖은 방법을 다 동원해야 했다.

국가의 전력은 충분하지 않았다. 이곳저곳에서 전기가 필요했고, 발전을 할 연료도 부족했다. 공장이 돌아갈 때도

부족한 전력으로 교차생산을 해야 하는 상황이었다. 수련은 발전소를 스스로 돌리면 나라에 보탬이 된다며 발전소를 건설하자고 제안하였다.

전기 교체시간이 되자 일을 다 하지 못한 우식은 전기교체를 하지 말라고 하지만 수련은 그러면 광산의 일에 지장이 생긴다며 전기 교체를 지시하였다. 책임기사 우식과 수련은 이 문제를 근본적으로 해결하고자 발전소 건설문제를 제기하였다. 공장원들은 발전소가 건설되면 그 전기는 우리가 몽땅 쓰겠다고 생각하고는 기뻐하였다. 하지만 수련이 우리 손으로 발전소를 건설하여야 한다고 말하자 공장원들의 의견은 찬반으로 나누어진다.

발전소 건설에 나선 여성 근로자들

토론 끝에 발전소 건설이 결정되었고 건설을 위한 사업이 진행되었다. 문제는 발전소를 어떻게 건설하느냐의 문제였다. 어떤 사람들은 건설사업소에서 발전소를 지어주는 것으로 생각하였다. 그렇게 알고 좋아하다가 수련이 '우리 스스로 발전소를 짓자'는 말을 듣고는 농담으로 생각하기도 하였다.

공장의 태반이 여성들이었다. 공장에 남자라고는 운전 기사를 포함해서 딱 세 명이었다. 그렇기 때문에 힘든 발전소 건설이 가능할지 걱정이었다. 발전소 건설 문제를 제기한 우식도 걱정이 되었다. 여자들만 가지고 어림없다고 생각하였다. 하지만 믿는 구석이 있었다. 지배인인 수련의 남편이 광산의 책임자였기 때문이었다. 남편이 광산책임자인데, '설마 광부들이 못 본 척하겠느냐'고 생각했다. 분명 광산에서 도와줄 것이라고 생각하였다.

수련은 남편의 도움을 기대하지 않았다. 처음 일을 하는 동안에는 여성들이 중심이 돼서 진행하면서 어려움도 컸다. 공장의 여성들도 감히 엄두를 내지 못하였다. 공장에는 새로 시집 온 옥분도 그런 여인의 한 사람이었다. 옥

분은 발전소 건설을 앞두고 걱정이었다. 옥분의 남편은 힘든 일은 안 시킬 것이라면서 후방사업이나 잘 하면 될 것이라고 하였다. 옥분은 건설이 시작되자 오이를 하나 가득 가지고 나왔다. 후방사업에 필요할 것이라고 생각한 것이다. 하지만 현장의 상황은 달랐다.

옥분은 정말 후방사업만 하려고 먹을 것만 챙겨왔지만 수련은 '모두가 광부가 되어야 한다'면서 본격적으로 일을 시작하였다. 공장원들이 직접 나서서 땅을 파고 흙을 나르면서 발전소 건설을 진행하였다. 쉽지 않았다. 착암기에 쓰는 정머리가 부러지자 우식은 옥분을 시켜 정머리를 가져오라고 하는데 옥분은 생선 정어리라고 듣고 정어리를 사올 정도였다.

다음날 옥분이 나오지 않았다. 수련이 옥분을 찾아갔다. 옥분의 남편은 옥분이 나가지 못하도록 밖에서 자물쇠를 채워두었다. 수련이 온 것을 안 옥분이 미안해하였다. 수련은 옥분에게 달걀을 주면서 '이렇게 된 김에 푹 쉬라'고 위로하였다. 이 일을 알게 된 우식은 '역시 여자끼리는 일을 못하겠다'면서 화를 내었다. 이런 우식을 보면서 수련은 '여자 손은 작고 연약하지만 밥하고 자식 기르고 남편 가꾸는 큰 일을 한다며 여자 손이 세상을 가꾼다'고 설득한다.

일하는 여성에게 던져진 시선

다음날 옥분의 남편이 옥분이를 데리고 건설장으로 찾아 왔다. 수련은 '어제 무슨 일이 있었느냐'며 어제 일을 묻어 버린다. 건설장에서 일을 하면서 옥분은 달라졌다. 정성이 지극하면 돌 위에도 꽃이 핀다는 수련의 말을 들으면서 수련을 이해한다. 그렇게 건설 사업이 다시 시작되었다. 책임기사는 굴착에 필요한 인력을 구하고자 광산을 찾아가 도움을 요청하였다. 광산 소대장은 식료공장 아주머니들이 우리들을 잘 먹이려고 하는 일인데 도와주어야 하지 않겠느냐면서 도와주기로 하였다. 광부들이 건설장으로 오면서 건설장에는 활기가 돌아가기 시작했다.

그러던 어느 날 공장 연구소의 연구사인 혜옥이 술에 취했다는 연락이 왔다. 수련은 믿을 수 없었다. '그럴 리가

없다'면서 혜옥이 있는 실험실로 찾아갔다. 혜옥은 새로운 도토리 술을 연구하고 있었는데, 마침내 도토리 술이 완성되어 맛을 보다 취했던 것이었다.

혜옥과 이야기를 나누던 수련은 혜옥의 배가 예사롭지 않다는 것을 알았다. 혜옥은 수련에게 자신의 이야기를 털어 놓았다. 혜옥은 동창 경호와 결혼했는데 혜옥이 제 손으로 창조적인 일을 하고 싶어 했지만 경호는 집안에 있으라며 반대했다. 남편인 경호는 혜옥이 사회활동보다는 자신을 돌보아 주기를 더 원하였다. 그 일로 혜옥은 집을 나와 식료공장으로 온 것이었던 것이다. 수련은 기회가 생기면 서로 너그러이 용서하라며 혜옥을 달래 주었다.

남자의 도움은 거절하겠어요

굴착사업이 난관에 처하자 여성들은 남성 근로자에게 도움을 청했다. 하지만 수련은 도와주러 온 영덕광산의 광부들을 돌려보내기로 하였다. 무엇보다 국가 경제가 잘 돌아가기 위해서는 광산이 잘 돌아가야 한다고 생각했다. 수련은 '광산에서 광부들을 보내라는 연락이 왔다'는 거짓말로 광부들을 돌려보냈다. 건설장 돌격대장으로 임명된 책임기사 우식은 이런 수련을 이해하지 못하였다. '여자는 어디까지나 여자'인데, '영덕광산 광부들이 우리 공장의 된장이며, 먹을 것을 신세지는데 좀 도와주는 게 잘못이냐'면서 공장 생산을 핑계로 건설 현장을 떠났다. 혼자 남은 수련은 혼자서 돌을 나르면서도 '사람은 제 할 일은 제 손으로 해야 한다'는 신념을 굽히지 않는다.

공장원인 태실도 수련의 행동에 반발하여 공장으로 돌아갔다. 공장원들은 다시 회의에 빠졌다. 정말로 할 수 있을까 걱정하는 옥분에게 수련은 군대에 겪었던 일을 이야기하였다. 해양대 사령관을 하던 겨울에 어버이 수령님이 찾아와 "우리의 손이란 남에게 내밀라고 있는 것이 아니라 제 것을 창조하라고 있는 것"이라고 말하며 "손과 마음이 같아야지"라고 하면서 격려 했다는 것이다. '항일유격대의 여대원들을 투쟁을 모범으로 삼으라'고 격려하면서 수련의 고향인 영덕의 광산노동자들을 걱정하였다는 말을 하였다. 수련의 말을 들은 공장원들은 모두 더욱 열심히 일할 것을 결의하였다.

한편, 일을 그만 두기로 한 재실은 사직서를 가지고 와서 수련에게 수표(사인)할 것을 요구하였다. 재실은 수련에게 사직서의 결제를 요구하였지만 마음속으로는 붙잡아 주기를 바라고 있었다. 하지만 수련이 진짜로 수표하는 것을 보고는 '그 동안 힘들게 일을 하면서 원료기지를 건설하였는데, 이렇게 쉽게 수표하느냐'면서 실망하였다. 사실은 수련이 사직서에 수표를 한 것이 아니었다. 사직서에 부결을 써놓았던 것을 재실이 오해하였던 것이다.

발전소 건설에 나선 식료공장 여성노동자들: 〈녀인의 손〉　87

수련은 발전소 건설은 발전소 건설대로 진행하면서도 생산에 차질이 오면 안 된다면서 교차 생산을 잘 실천할 것을 강조하였다. 한편 시간에 늦은 책임기사는 생산을 맞추기 위하여 교차생산 비율을 어기고 공장 가동 스위치를 올렸다. 이 일로 수련은 도에서 책임 추궁을 받게 되었다. 수련은 책임기사에게 '오늘 우리 공장의 스위치를 올림으로써 광산에서 큰 차질이 생겼다'면서 책임을 물었다. 책임기사는 '문제가 생기면 아무렴 치마 두른 여자에게 책임을 지우겠느냐'면서 '자기가 책임지겠다'고 나섰다.

발전소 건설인가, 가정을 지킬 것인가

책임기사는 '여자의 힘으로 발전소를 건설하는 것은 허황된 망상'이라고 하면서 발전소 건설에서 손을 뗄 것을 공식으로 제기하였다. 수련은 '발전소 건설의 진짜 이유를 모르냐며 우리가 믿을 건 자기 손이라며 인정이 무뎌졌다'면서 책임기사를 비판하였다. 책임기사는 물러서지 않았다. '남편이 수술하는데 가보기나 했냐'며 당장 수술에 들어갈 남편에게 차갑게 대하지 말라고 말한다.

발전소 건설 사업으로 마찰을 빚고, 교차생산 책임까지

지게 된 수련은 남편까지 다치자 힘을 잃었다. 수련은 남편을 찾아가고 '지배인이고 뭐고 그만 두고, 이제는 아내 구실을 제대로 해야 하겠다'면서 속내를 비쳤다. 남편은 그런 수련에게 '무슨 일이 있더라도 주저앉지 말라'면서 '인민생활의 제일 앞선 일꾼'이라면서 '마음을 크게 가지라'고 격려해 주었다. 수련도 다시 용기를 낸다.

도에서는 교차생산을 어긴 것에 대한 총화가 열렸다. 수련에게 '2달간 자리정지' 책벌이 내려졌다. 수련은 자신의 잘못을 인정하고 벌을 받겠다고 하면서도 발전소 건설이 끝날 때까지 연기해 달라고 부탁한다. 당위원회에서도 사실을 알고는 '책벌이 아니라 도와주고 싶다'는 생각을 하게 되었다.

의지로 발전소를 건설하는 수련

수련은 뜻을 같이 하는 몇몇 노동자들과 밤새워 굴을 뚫다가 갱도가 무너지면서, 무너진 갱도에 갇히게 되었다. 불안해하는 옥분에게 수련은 제 힘에 대한 신념과 믿음이 있으면 살아날 수 있고, 믿음이 없으면 살 수 있는 곳에서도 죽는다며 사람들을 격려하였다. 무너진 갱도 안에서도 수련은 '신념을 갖고 살아가는 것이 장군님의 뜻'이라면서, 착암기를 들고 막힌 굴을 뚫기 시작하였다.

바깥에서 갱 안에 갇힌 사람들을 구조하던 공장원들도 착암기 소리를 듣고는 굴을 뚫어 나갔다. 그렇게 양쪽에서 굴을 뚫으면서 마침내 무너진 굴이 뚫렸고, 무너진 갱도 안에 갇혔던 공장원들도 모두 무사히 살아났다. 좌절하지 않고 자신의 힘으로 문제를 해결해 나가는 수련의 모습을 본 책임기사는 소극적이었던 자신의 행동을 반성하였다.

부족한 전력문제를 자체적으로 해결하기 위해 노력하는 수련의 소식은 중앙에도 알려졌고, 당에도 적극적으로 도와주기로 결정하였다. 이렇게 해서 마침내 영덕식료공장 자체의 발전소가 완공되었다. 식료공장에서 자체적으로 발전소를 건설했다는 소식은 신문에도 실리게 되었다. 신문 기사를 본 혜옥의 남편도 혜옥을 찾아왔고, 두 사람은 화해하였다.

영화는 북한의 심각한 전력난을 보여주는 동시에 자체
적으로 문제를 해결하라는 메시지를 전달한다. 북한에서
말하는 자력갱생이란 당에서 줄 것은 다 주었으니 알아서
하라는 것이다. 부족한 것을 당에 기대하지 말고 자체적으
로 문제를 해결해 나가라는 의미를 담고 있다. 여성의 노
동력이 공장이나 농장과 같은 생산 현장을 떠나 에너지
건설 문제까지 확장되고 있는 것이다.

제**2**부 김정숙과 후예들

김정숙은
어떻게 북한 여성의 원형이 되었나
: 〈두만강 기슭에서〉

"이번 회의는 장군님께서 직접 내린 결정인데 꼬옥 성사시켜
야 해요. 상황이 달라졌다고 주저한다면 어떻게 하겠어요. 지
금 국내 혁명가들은 사령관 동지를 손꼽아 기다리고 있어요.
사령관 동지의 발걸음이 늦어지면 조선혁명도 늦어집니다.
지금 제가 연사에 나가 사지봉회의를 제 날짜에 꼭 보장 하겠
습니다."

—예술영화 〈두만강 기슭에서〉 중에서

북한 여성의 이상형, 김정숙

〈두만강 기슭〉에서는 2003년 조선예술영화촬영소에서 제작한 김정숙 관련 영화이다. 영화에 앞서 "이 영화를 항일의 녀성영웅 김정숙동지의 탄생 85돐에 삼가 드린다"는 자막이 나온다.

눈 덮인 길을 걸어가 두만강을 내려 보면서 지난 일을 생각하는 원로 혁명전사 김철민이 있었다. 김철민은 항일혁명투쟁 당시 나이 어린 유격대원이었는데, 해마다 김정숙의 생일이 있는 12월(김정숙 생일은 12월 24일)이 되면 두만강을 찾아와 김정숙을 떠 올리곤 하였다. 영화는 유격대의 대원이었던 김철민이 두만강을 보면서 김정숙을 회상하는 장면으로부터 시작한다.

백발백중의 명사수, 김정숙

김철민의 회상은 1939년 사지봉 회의 때로 돌아간다. 영화 〈두만강 기슭에서〉는 1939년을 배경으로 한다. 영화의 시대적 배경을 1939년으로 한 것은 '고난의 행군'과 관련된다. 북한에서 말하는 '고난의 행군'이란 1938년 11월 남패자회의로부터 1939년 4월 북대정자회의까지를 말한다. 만주지역을 중심으로 활동하던 김일성 부대가 한반도 국경일대로 다시 진출하는 시기이다. 김일성의 항일무장혁명 과정에서 가장 어려웠던 시기로 규정한다.

1990년대 중반 김일성의 사망과 연이은 자연재해로 인해 북한 체제가 어려웠을 때를 '고난의 행군'으로 명명하기도 하였다. 〈두만강 기슭〉에서 1939년을 배경으로 한 것은

바로 김일성의 항일혁명투쟁 과정에서 가장 어려웠던 시기를 배경으로 김정숙의 활동을 부각시키고자 한 것이다.

김정숙은 사령관 동지(김일성)의 명령을 받고 나갔던 유격대원 김준을 기다리고 있었다. 그러나 김준은 오지 않았다. 김준을 맞이하러 나갔던 유격대원이 일본 경찰대에 쫓겨 오고 있었다. 김정숙은 권총을 꺼내들고 명사수의 솜씨로 일본 경찰들을 사살한다.

김정숙의 사격 장면을 삽입한 것은 김정숙의 권총술을 보여주기 위한 장치이다. 김정숙을 표현하는 것 가운데 하나가 사격이다. 북한에서 김정숙을 이야기할 때는 늘 권총과 연결되어 있다. 김정숙이 백발백중의 명사수였다는 이미지로 고정되어 있다. 김정숙 탄생 80돌을 맞이하여 제작한 기록영화 〈어머니의 총소리 영원하리라〉에서는 해

금강을 찾아 사격 솜씨를 보여주는 장면이 나온다.

사령관의 충복, 김정숙

위기를 면한 유격대원은 김준이 '사령관 동지를 호위하기 위한 무기를 준비하다 토벌대에 발각되었다'고 알렸다. 김정숙은 크게 놀랐다. 김정숙은 사령관으로부터 김준이 돌아오는 대로 사지봉 회의를 직접 준비하라는 명령을 받았기 때문이었다. 사령관은 '사지봉에서 국내 책임자들과 회의를 준비'하고 있었다. 김일성은 '사회봉 회의는 전민항쟁의 분수령을 이룰 중요한 회의'로 규정하고, 김준이 돌아오는 대로 김정숙이 직접 그 일을 맡도록 하였다.

유격대원들은 상황이 좋지 않다면서 '사지봉 회의를 뒤로 미루도록 건의하자'고 하였다. 하지만 김정숙은 사령관 동지의 명령을 차질 없이 수행해야 한다면서 대책을 세운다. 김정숙은 직접 연사지구에 나가 김준과 연결하겠다고 나섰다. 유격대 중대장은 '연사지구에서는 김준이 체포되자마자 변절했다는 소식이 퍼져 있어서 사람들이 흩어지고 동요하고 있다'며, 김정숙이 연사지구로 나가게 되면 잡힐 위험이 높으니 재고해 달라고 요청했다.

하지만 김정숙은 흔들리지 않았다. "이번 회의는 장군님께서 직접 내린 결정인데 꼬옥 성사시켜야 해요. 상황이 달라졌다고 주저한다면 어떻게 하겠어요. 지금 국내 혁명가들은 사령관 동지를 손꼽아 기다리고 있어요. 사령관 동지의 발걸음이 늦어지면 조선혁명도 늦어집니다. 지금 제가 연사에 나가 사지봉회의를 제 날짜에 꼭 보장하겠습니다"면서 직접 연사지구로 나가 방안을 찾기로 한다.

북한에 조성된 김정숙 혁명사적지 연두봉(지하공작원과 회의하였다는 곳)

조여드는 포위망과 대범한 작전

연사지구에는 일본 경찰이 진을 치고 있었다. 일본은 무산과 대홍단 지구에 진출한 유격대의 활동을 봉쇄하기 위하여 대본영특사까지 파견되었다. 특사는 경찰서장을 소집하여 유격대 토벌 활동을 강화할 것을 지시하였고, 대대적인 토벌작전을 준비하고 있었다. 연사지구에서 활동하던 유격대원들도 신변의 위협을 느끼고 김정숙에게 돌아가자고 권하였지만 김정숙은 흐트러짐이 없었다. 김정숙의 성품이 어떤지를 보여주기 위한 설정이다.

김정숙은 김준과 만나야 했다. 유격대원의 상황과 무기의 위치는 김준만이 알고 있었기에 김준을 만나지 않고서는 사지봉 회의를 준비할 수 없었다. 김정숙은 정덕진을

만나기로 하였다. 정덕진은 무산경찰서에 있는 유일한 조선인 순사였다.

김정숙은 윤경환의 만류를 뿌리치고 약재장수로 꾸미고 정덕진의 집을 찾아갔다. 마침 정덕진의 처는 김정숙과 구면이었다. 언젠가 정덕진의 처가 친정에 갔다 오다 무산에서 왜놈들에게 큰 봉변을 당할 뻔 하였는데, 김정숙이 구해준 일이 있었다. 덕진의 처는 김정숙을 반갑게 맞이하였다.

집에 온 정덕진은 토벌대와 벌인 전투에서 기관총을 쏘던 김정숙을 알아보고 총을 빼내 들었다. 김정숙은 "나는 김일성 장군님의 조선인민혁명군 대원이예요" 하면서 신분을 밝혔다. 김정숙은 정덕진에게 "나는 그래도 당신이 같은 동포이기에 믿고 찾아왔다"면서 "민족적 차별을 당하

면서까지 왜놈에게 복무하다니, 그래 조선의 남아로서 수치스럽지도 않은가 말이예요"라면서 정덕진을 꾸짖었다.

뜻 밖의 상황에 당황한 정덕진에게 김정숙은 "좋아요. 오늘밤 다시 한 번 잘 생각해 보세요. 우린 후일 또 오겠어요"라는 말을 남기고 사라진다. 김정숙이 사라진 다음 정덕진은 갈등에 빠진다.

이러한 설정, 즉 김정숙이 위험을 무릅쓰고 경찰을 찾아가 굴복시킨다는 설정은 김정숙의 과감성을 나타내기 위한 전략이다. 김일성을 비롯하여, 김정일, 김정은으로 이어지는 후계 구도에서 강조하는 품성 가운데 하나가 과감성, 결단력이다. 이러한 결단력이 그냥 생긴 것이 아니라 혈통으로 이어진 만경대 혈통의 특징이라는 것을 부각하기 위한 설정인 것이다.

한편 김준이 체포된 사이에 양택구가 나타났다. 양택구는 오래 전에 일본 경찰에게 체포되어 전향한 자였다. 양택구는 유격대원들에게 조직을 정비한다면서 유격대원들을 만나고 다녔다. 김정숙은 양택구가 배신하였다는 것을 직감했다. 양택구는 유격대 토벌을 위해 파견된 특사에게 '김정숙이 나타났다'고 알렸다.

특사도 김정숙의 이름을 알고 있었다. 일본 선무공작반의 보고가 있었는데, 거기에 김정숙에 대한 보고도 들어 있었다. 보고서에는 "김정숙은 일찌가 전투에서 세운 공으로 빨찌산의 여장군으로 인정받은 데다가 지하공작 사업에도 뛰어난 인물"이라고 쓰여 있었다. 양택구에게 속은 공작대원들은 모두 일본 경찰에게 체포되었다.

김정숙, 위험을 정면으로 돌파하다

공작원들이 체포되었다는 소식을 들은 김정숙은 직접 유격대원들을 구하기로 하였다. 공작대원들은 김정숙이 직접 나서는 것을 말렸지만 김정숙은 대범하게 양택구를 찾아가서 담판을 지었다. 김정숙은 양택구를 겁박하여 체포하였다. 그리고는 경찰서장에게 전화를 해서 유격대원들을 다른 곳으로 옮기도록 하였다. 그 기회를 이용하여 김정숙은 유격대원을 구해낸다.

한편 김정숙이 다녀 간 다음 정덕진은 갈등 하였다. 김정숙을 다신 만난 정덕진은 "목숨을 소중히 여긴다면 속이 이곳을 떠나시오"라면서 김정숙에게 떠나라고 하였다. 하지만 김정숙은 정덕진에게 '애국의 길을 걸으라'면서 설득한다. "똑똑히 들으세요. 총이란 바로 쥐면 애국이요. 거꾸로 쥐면 매국이라는 것을", "애국과 매국을 판갈이 하는 길에서 잘 생각해 보라. 오늘 밤 당신 집에서 또다시 기다리겠어요'라면서 정덕진을 설득한다. 밤늦게 집으로 돌아온 정덕진은 마루에 걸터앉아 김정숙과 부인의 이야기를 들었다.

김정숙은 장군님을 만났던 이야기를 하였다. 김일성에 대한 이야기를 듣던 정덕진은 김정숙에 무릎을 꿇었다. 정덕진은 김정숙을 '선생님'이라 부르면서 순사가 된 자신의 삶을 깊게 뉘우쳤다. 김정숙은 정덕진이 '재생의 길'을 걷겠다는 것을 받아들이고, 감옥에 갇힌 김준을 구할 계획을 밝히고 임무를 주었다. 정덕진은 김정숙의 지시에 따라서 김준에게 편지를 전한다.

한편으로 김정숙은 유격대원들을 모아 놓고 '김일성 장군님을 결사 보위하는 성전에 나서자'면서 결전을 준

비한다. 일본 경찰도 유격대를 토벌할 만반의 준비를 하였다. 일전을 준비하는 김정숙은 일본군이 기동하기 전에 먼저 무산에 있는 야전지휘부를 습격하기로 하였다. 김정숙을 중심으로 한 유격부대는 야전지휘부를 기습한다. 치열한 전투에서 김정숙이 이끈 유격대 부대는 승리를 거둔다. 김정숙은 유격대를 토벌하기 위해 온 대본영 특사도 사살한다.

김정숙의 결심과 지휘로 일제는 큰 타격을 입었다. 일본 경찰이 물러나면서, 국내에 흩어져 있던 공작원들도 무사히 사지봉 회의를 위해서 도착하였다. 유격대원들이 모두 모인 자리에서 김일성은 사지봉 회의를 위해 연사지구 공작원들이 수고 했다고 격려해주었다. 윤경환은 모든 것이 김정숙이 만들어 낸 일이라고 하면서, 잠시 고개를 떨궜다.

아직 전투에 참가하였던 김정숙의 행방을 몰랐기 때문이었다. 이때 김정숙과 함께 몸을 피하였던 철민이 돌아왔다.

김정숙의 행방을 묻는 유격대원들에게 철민은 '김정숙이 돌아오자마자 김일성 사령관의 안전의 위해 보초를 서고 있다'고 보고하였다. 김일성은 중대장을 교대 보초로 보내고 김정숙을 불러서 치하한다. 이 부분은 김정숙이 얼마나 충실한 전사였는지를 보여주는 설정이다. 이러한 설정은 역설적으로 북한에서 가장 이상적으로 생각하는 여성이 어떤 모습인지를 분명하게 드러낸다.

영화는 다시 현실로 돌아오고, 두만강 기슭에서 김정숙의 옛일을 생각하던 철민은 신입병사들에게 김정숙의 정

김일성을 호위하는 김정숙 동상

신을 본받으라고 말하는 것으로 끝난다.

영화의 이면에 숨은 김정숙 클리세(Cliché)

〈두만강 기슭에서〉는 예술영화로 제작되었지만 김정숙을 모델로 한 기록영화적인 성격을 갖는다. 영화에서는 김정숙의 이미지를 최대한 활용하였다. 영화의 장면은 김정숙과 관련된 일화를 충실하게 재현하고자 하였다.

〈두만강 기슭에서〉에서 보여지는 장면은 '판에 박힌 듯한 문구, 진부한 표현(생각, 행동)'을 의미하는 클리세(Cliché)를 확인할 수 있다. 주요한 이미지로는 '김일성의 충복', '권총의 명사수', '과감한 결단력' 등을 나타내기 위해서 익숙한 장면을 연출하였다. 다음은 김정숙의 이미지와 영화 속 장면이다.

북한 문화 속 김정숙의 이미지

김정숙은 어떻게 북한 여성의 원형이 되었나: 〈두만강 기슭에서〉　109

북한 가요 속의 여성 이야기

창법에서 알 수 있듯이 여성을 소재로 한 가요의 정조(情調)
는 경쾌하고, 정겹고, 유쾌한 것이다. 여성이 등장해서가 아
니다. 음악인들에게 강조한 생활가요의 특징이기 때문이다.
북한이 음악인에게 요구하는 것은 환희와 기쁨, 긍지와 자부
심을 느낄 수 있는 노래를 만드는 것이다. 여성을 주제로 한
가요이지만 이별이나 헤어짐의 정서는 없다. 환희와 기쁨만
이 존재한다.

북한의 생활가요, 여성을 노래하다

북한 가요에서 여성이 등장한 것은 1980년대이다. 물론 그 이전에도 여성이 등장하는 가요가 있었다. 하지만 이런 가요에서 중심은 개인으로서 여성, 서정을 이야기하는 여성은 아니었다. 주어진 당의 임무를 묵묵히 수행하는 여성이거나 김정숙 혹은 노동당을 의미했다. 생활가요에 이르러 비로소 개인으로서 여성이 등장했다.

생활가요란 생활 속의 이야기를 소재로 한 가요를 말한다. 북한의 가요는 영가, 당정책가요, 노동가요, 행진가요, 서정가요, 아동가요, 대중가요 등으로 구분한다. 대중가요라는 개념이 북한과는 잘 어울릴 것 같지 않은데, 최근 들어 생긴 분류이다. 분류상으로는 대중가요가 있기는 하지

보천보전자악단 가수 전혜영

만 시장을 기반으로 대중에게 접근하는 우리의 대중문화와는 기본적인 구조가 다르다. 생활가요는 장르 명칭은 아니지만 1980년대 중반 이후 생활에서 일어나는 소재를 새로운 풍의 가요를 일컫는 말로 폭넓게 불리고 있다.

북한 가요의 중심은 정치적 주제를 담은 혁명가요나 송가, 당정책가요이다. 북한 가요의 절대 다수를 차지한다. 음악의 목적이 당 정책의 효율적 전달이니 당연한 결과라 하겠다.

음악을 창작하는데서 중요한것은 당정책을 반영한 가요를 많이 창작하는것입니다. 당정책을 반영한 가요를 많이 창작하는것은 가요창작에서 우리 당이 견지하고 있는 일관한 방침입니다. 지난날에는 당정책을 반영한 가요를 많이 창작하여 인민들속에 널리 보급하였습니다. 그때에는 그야말로 온나라가 당정책을 반영한 랑만적인 노래로 차넘쳤습니다. 그런데 지금은 거리와 공장, 기업소, 협동농장들에 나가보아도 당정책을 반영한 노래를 얼마 들을수 없습니다. 음악예술부문에서는 당정책이 제시되면 그것을 반영한 가요를 제때에 창작하여 인민들속에 널리 보급하여야 하겠습니다.

—김정일, 「혁명적문학예술작품창작에서 새로운 앙양을 일으키자: 문학예술부문 일군들과 한 담화, 1986년 5월 17일」, 『김정일선집(8)』(조선로동당출판사, 1988), 378쪽.

생활가요는 이들 가요와 달리 생활현장을 소재로 한 일군의 가요이다. 생활가요가 정치적인 내용과는 거리가 있다고 하지만 생활가요 창작된 것은 역설적으로 정치적인 목적 때문이었다. 1980년대 중반 김정일에 의해 생활가요의 필요성이 처음 제기되었다. 이후 보천보전자악단과 왕재산경음악단을 통해 본격적으로 알려졌다. 여성 음악단의 원조였다.

생활가요는 등장하면서부터 엄청난 인기를 모았다. 2012년 김정은 체계가 등장한 이후 모란봉악단이 엄청난 인기를 모았던 것과 비슷하다. 일상생활 속에서 일어나는 내용의 노랫말과 경쾌한 리듬 때문이었다. 생활가요의 노래는 남한에도 많이 알려졌다. 남한 주민이 알고 있는 북한 노래의 대부분도 이때 만들어진 생활가요이다. 1980년대 중반 북한에서 만들어진 가요가 지금도 불리고 있으니 그 인기를 짐작할 수 있다.

가사가 남달랐다. 원래 북한 가요에서 가사는 정치적인 영역을 벗어날 수 없었다. 가사가 강조되는 것은 북한 음악이 강조하는 정서의 핵심인 사상성이 가사를 통해 드러나기 때문이다. 가사에 맞추어 음악적 정서가 결정되는데, 정서는 계급의 입장에 맞는 내용이어야 한다고 규정한다.

예술성은 그 자체를 위하여 필요한 것이 아니며 순수하게 고립되어 존재하는 것도 아니다. 예술성은 현실에 대한 인간의 사상감정을 표현하는 예술의 고유한 특성이며 사상을 전달하는 예술의 고유한 방식이다. 사상성을 떠난 예술성은 아무런 가치가 없으며 내용이 전달되지 않는 예술성은 아무 소용이 없다. 음악은 사상성만 내세우면서 예술성을 무시하거나 그 예술적 가치를 떨구어도 안되며 사상성을 무시하고 예술성만을 내세우는 예술지상주의를 허용하여도 안 된다.

—김정일, 『음악예술론』(조선로동당출판사, 1992), 38~39쪽.

음악에서 가사의 내용을 무시하고 음악적 리듬을 강조하는 것은 예술지상주의로 비판받는다. 곡이 좋으면 된다는 생각은 북한에서 허용되지 않는다. 음악에서 예술성이란 사상성이 있어야 한다. 사상성이 '담보하지 않은 예술'은 예술성 자체가 없다고 보는 것이다.

북한식으로 다시 태어난 '전자음악'

그렇다면 정치성이 상대적으로 부족한 생활가요는 어떻게 등장하였을까? 김정일은 전자음악의 대중성에 주목했다. 1980년대를 보낸 사람은 디스코 열풍이 무엇인지 알 것이다. 닭장으로 불리는 '고고장'에서 울리는 경쾌한 리듬은 가히 혁명적인 열풍을 타고 전 세계에 유행하였다. 북한도 이 영향에서 벗어날 수 없었다. 디스코 열풍의 핵심은 새로운 리듬, 새로운 감각이었다. 전통악기나 클래식 악기로는 재현할 수 없는 전자음악이 있었다.

김정일은 전자음악의 대중성을 활용하기로 하였다. 왕재산경음악단과 보천보전자악단이었다. 1983년 7월에 북한 최초의 경음악단인 왕재산경음악단이 결성되었으며, 이어 1985년 6월 만수대예술단의 전자음악연주단을 독립하여 보천보전자악단을 만들었다. 왕재산경음악단은 연주가 중심인 경음악단이었다. 우리에게는 〈 Love Is Blue〉, 〈이사도라〉, 〈엘리제를 위하여〉 등 이지리스닝 장르(easy listening

김정은 시대 아이콘으로 떠오른 모란봉악단의 공연 장면

genre)로 유명한 폴모리아 악단(Paul Mauriat Orchestra)에 가까운 연주단이다. 보천보전자악단은 만수대예술단의 전자음악연주단을 별도의 예술단체로 독립시킨 전자음악연주단으로 방송무대를 전문으로 하는 아이돌 그룹과 유사한 음악단이었다.

이들 전자악단의 활동이 본격화한 1990년 김정일은 요즘 노래가 사상적으로 교양하는 노래 창작에만 매달려 근로인민의 다양한 정서를 반영하는 노래를 만들지 못하고 있다고 지적하면서 다양한 생활과 정서를 반영한 노래를 주문했다.

음악예술부문 창작가들이 사람들을 사상적으로 교양하는데 이바지할수 있는 노래를 창작하는데만 관심을 돌리고 근로자들의 다양한 생활과 정서를 반영한 생활적인 노래를 창작하는데는 관심을 잘 돌리지 않고 있습니다. 그러다보니 오늘 우리 인민들이 로동생활을 비롯한 다양한 생활과 정서를 반영한 좋은 노래가 많이 나오지 못하고 있습니다.

—김정일, 「인민이 사랑하고 즐겨부르는 혁명적인 음악작품을 창작하자: 음악예술부문 책임일군들과 한 담화, 1990년 2월 25일」, 『김정일선집(10)』(조선로동당출판사, 1997), 63쪽.

김정일이 '인민들의 다양한 생활과 정서를 반영한 노래'

를 주문한 이유는 무엇이었을까? 새로운 세대의 등장이었다. 1980년대 중반에 이르면서 전후세대가 북한의 중심세대가 되었다. 이들의 감성은 혁명세대, 전쟁체험세대와는 달랐다. 김정일의 정치적 기반을 다져준 '삼대혁명소조' 세력을 위한 문화적 자원이 필요했다. 새로운 사회 분위기를 만들어 가고, 활력을 불어넣는 것이 시급했다. 특히 김정일이 예술분야에서 후계자로서 능력을 인정받았고, 오랫동안 예술분야에서 활동했던 만큼 문화예술 분야에서 새로운 혁신이 필요했다.

노래를 통해 새로운 시대가 되었고, 새로운 영웅이 필

조선화 〈우편원〉

요하다는 것을 알려야 했다. "노래를 통한 교양사업을 강화"하기 위해서는 새로운 소재와 새로운 리듬이 필요했다. 전후세대의 본격적인 등장에 맞추어 이들 세대에 맞는 시대상과 분위기를 맞추어야 했다. 동시에 새로운 시대에 맞는 새로운 영웅이 필요했다. 혁명열사가 아닌 전쟁영웅도 아닌 생활 속에서 영웅을 찾아야 했다. 즐겁게 일하면서, 사회에 기여하는 영웅을 찾는 작업이 '숨은 영웅 찾기 운동'으로 구체화되었다.

생활 속의 숨은 영웅을 찾아내고 이들을 소재로 한 문학예술 창작이 활발해졌다. 생활가요의 창작 배경은 이처럼 생활이라는 무대 속에서 살아가는 사람들의 모습을 음악으로 표현해야 한다는 시대적 과제가 제기된 데 있었다. 김정일은 '자장가'를 비롯하여 결혼식이나 환갑잔치에 부를 노래를 주문했다.

어린이에 대한 노래도 얼마 없고 어린이를 잠재울 때에 부를 좋은 자장가도 없습니다. 다른 나라 노래들 가운데는 슈베르트의 자장가나 모차르트의 자장가를 비롯하여 좋은 자장가가 많지만 우리 나라에는 그런 자장가가 없습니다. 결혼식이나 환갑잔치를 할 때 신랑, 신부와 환갑을 맞는 사람을 축하하며 부를 노래도 없습니다. 우리 인민의 다양한 생활과 정서를 반영한 좋은 노래가 많지 못한 것은 아직도 우리의 음악예술이 빈곤하다는 것을 말해주고 있습니다.

—김정일, 「인민이 사랑하고 즐겨부르는 혁명적인 음악작품을 창작하자: 음악예술부문 책임일군들과 한 담화, 1990년 2월 25일」, 『김정일선집(10)』(조선로동당출판사, 1997), 64쪽.

김정일이 요구한 '자장가'는 〈자장가〉, 결혼식 축가는 〈축복하노라〉, 〈축배를 들자〉 등으로 완성되었다. 이런 노래들은 엄밀한 의미에서 정치적 색채를 완전히 벗어났다고는 할 수 없다. 하지만 상대적으로 생활 현장의 이야기, 남녀의 감성에 대한 내용이 중심이라는 점에서 분명 이전과는 구분되었다.

여성, 감성으로 사랑을 노래하다

북한 가요에서 사랑을 고백하는 여성의 목소리는 제한적이다. 북한에서 여성이 적극적으로 애정을 표현한다는 것이 공식적인 장에서는 익숙지 않은 문화이다. 여성의 애정고백은 곧 결혼선언이나 다를 바 없었다.

시집을 가라 한 어머니 말씀 / 처녀로 꽃필 때 가라시네
생각만 해봐도 가슴 뜨거워 / 싫다고 대답했네
나는야 선반공 기대 앞에 / 일하는 행복이 제일 좋아
허지만 어머니 허지만 어머니 / 시집도 가라 시네
랄라라 처녀로 꽃필 때 제일 좋아

시집을 가면 어데로 가나 / 나 혼자 남몰래 생각했네
순간의 모범이 진실한 그이 / 나 혼자 생각했네

언제나 책임량 초과하며 / 동지애 뜨거운 젊은 그이
허지만 그이는 허지만 그이는 / 내 마음 아시는지

하루는 집에 돌아 와 보니 / 그이가 다녀 간 편지 있었네
행복의 문서를 말하는 사연 / 내 마음 뜨거웠네
어머니 어느새 아셨는지 / 그이의 칭찬을 하시더니
부부내외 한직장 다니면 더 좋아 / 사위로 삼으셨네
랄라라 처녀로 꽃필 때 제일 좋아

　　―〈처녀로 꽃 필때〉

　3절로 이루어진 〈처녀로 꽃 필때〉의 가사이다. 1절에서
시집을 가라는 어머니 말씀을 듣고 부끄러워하는 심정을
노래하고, 2절에서는 혼자 사랑을 키우고 있다는 사실이
드러난다. 3절에서는 처녀의 마음과 같이 총각도 어머니
를 찾아와 결혼을 요청하고, 어머니가 받아들여 사위로 삼
는다는 가사이다.

　〈처녀로 꽃 필때〉의 가사처럼 3단 구성으로 남녀의 사
랑이 이루어진다는 가사 구조는 애정을 주제로 한 북한
가요에서 공통적으로 발견되는 구조이다. 남녀의 결연 과
정을 간단한 이야기로 풀어낸 기본적인 서사구조를 갖고
있다. 총각과 처녀가 서로 만나서 서로를 좋아하다가 가을

이 되어 결혼을 약속한다는 가요 〈나는 몰라요〉 역시 3단 구성이다. 1절에서는 젊은 총각이 순희를 좋아하고("새로 온 젊은이가 너를 좋아한다지") 2절에서는 순희도 젊은 총각을 좋아하고("새로온 젊은이를 너도 좋아한다지") 3절에서는 올 가을에 결혼을 약속한다("올가을엔 그 동무와 맺어진다지")로 되어 있다.

가요 〈도시처녀 시집와요〉는 모내기 때 만나 사랑을 맺고("모내기때 남 모르게 맺어진 사랑"), 가을이 되면서 서로의 사랑이 무르익고("황금가을 좋은 날에 무르익었소"), 마침내 한 쌍의 부부가 된다("도시처녀 농장총각 한쌍이 됐소")는 전개이다.

보석화 〈처녀시절 꽃시절〉

가요 〈아직은 말 못해〉는 어머니가 선보러 가자고 보채는 데도 가슴 속에 사랑하는 사람을 두고 마음 끓이는 처녀의 고백이다. 어머닌 속도 모르고 선을 보러 가자고 하지만 처녀의 마음은 다른 곳에 있다("어머님은 선보러 가자 하지만 이 가슴의 사연을 어쩌면 좋아"). 어머니가 권하는 도시의 총각보다 남몰래 사랑을 키우는 금골의 총각을 마음에 두고 있다

("도시의 총각보다 쇠돌을 캐는 금골의 그 동무가 마음에 들어"), 아무도 모르게 둘 만의 사랑을 키워오고 있었던 두 사람은 장래를 약속한 사이였다("그 동무와 맺은 약속 아무도 몰라"). 두 사람의 사랑은 노동자 동무가 혁신자 꽃다발을 받는 날 어머님께 말씀드리는 것으로 끝난다("올해엔 쇠돌산을 높이 쌓고서 어머님께 우리사이 말씀 드릴래").

마음속에 사랑하는 사람을 그리는 처녀의 마음이 아름답기는 하지만 여기서도 균열을 읽을 수 있다. 사위를 고르는 어머니가 선보라고 권하는 사람이 다르다. 어머니가 권하는 '도시의 총각'에 더 많은 북한 처녀의 마음이 끌리는 것은 아닐까?

애정가요, 그 속에 숨겨진 정치적 의도

가요 〈처녀의 노래〉(집체작)에서는 남대천을 사이에 두고 일하던 총각과 처녀가 일터에서 사랑이 맺어지고, 사랑으로 실랑이를 벌이다 풍년이 들면 시집가겠다는 것으로 끝난다.

남대천 사이 두고 풍년가 우렁찬데

저쪽에는 총각이 살고 이쪽에는 처녀가 산대요
부지런한 젊은이들 일터에서 정들었네

한날 총각 벼가을하면서 투박스레 하는 말이
우리 곡식 잘 익었으니 어서 시집을 오래나요
시집은 가 무엇하나요 처녀가 제일이지
나는 나는 뜨락똘 운전수 되기 전엔 안 갈테요

그 총각은 안타까워 무뚝뚝하게 쏘는 말이
처녀라도 늙어 놓면 볼꼴이 망칙하지
제 아무리 처녀라도 흥흥 어쩔 수가 없단다

총각은 화가나도 처녀는 웃고 있네
우리 마을 협동조합에 풍년이 들면
나는 나는 뜨락똘 타고서 당신께로 갈테예요
　　　—〈처녀의 노래〉(집체작)

　총각과 처녀 사이에 대화가 오고 가고 있다. 무뚝뚝한
총각의 프러포즈는 싱겁기 그지없다. "풍년이 들었으니"
시집오라고 할 뿐이다. 처녀는 거절한다. 거절하는 이유는
총각이 마음이 들지 않아서가 아니다. "뜨락똘" 운전수가

되기 전에는 안 가겠다는 것이다.

결혼도 중요하지만 그보다는 농촌에서 앞서가는 여성의 상징인 '뜨락또르' 운전수가 되겠다는 것이다. '뜨락또르'는 천리마 시대 북한의 농촌기계화의 상징물이다. 남녀의 사랑을 이야기하고 있는 노래 같지만 그 속에는 농촌현대화를 노래해야 하는 현실 정치가 작동하고 있다.

우리의 음악도 현실에서 많이 뒤떨어져 있습니다. 그 것은 질풍같이 내달리고 있는 우리 인민의 위대한 전진운동을 잘 반영하지 못하고 있습니다. 우리 천리마기수들이 씩씩하고도 흥겹게 부를만한 좋은 새 노래가 나오지 못하고 있습니다. 푸른 물줄기가 산을 타고 강을 넘어 논밭을 적시고 있으며 뜨락또르와 자동차가 사람의 손발을 대신하여 밭을 갈고 짐을 실어내고 있으나 우리는 아직도 농촌에서의 이와 같은 천지개벽을 노래한 힘차고 아름다운 노래를 듣지 못하고 있습니다.

—김일성, 「천리마시대에 맞는 문학예술을 창조하자: 작가, 작곡가, 영화부문일군들과한 담화, 1960년 11월 27일」, 『김일성저작집 14(1960.1~1960.12)』(조선로동당출판사, 1981), 450쪽.

뜨락또르운전수의 노래도 하나 잘 짓는 것이 좋겠습니다. 뜨락또르운전수의 노래를 잘 지어 보급하면 뜨락또르운전수

들이 노래를 부르면서 뜨락또르를 더 애호하고 잘 관리할 것
이며 밭갈이도 더 잘할 것입니다

─김일성, 「혁명적이며 통속적인 노래를 많이 창작할데 대하여: 작
곡가들과 한 담화, 1966년 4월 30일」, 『김일성저작집20(1965.
11~1966.12)』(조선로동당출판사, 1982), 332쪽.

김일성은 농촌현대화의 상징으로서 천리마기수들이
'뜨락또르와 자동차가 사람의 손발을 대신하여 밭을 갈고
짐을 실어 나르는 현실'을 반영한 노래, '사회주의농촌건
설에서 중요한 역할을 하는 뜨락또르운전수들에 대한 영
화'를 만들 것을 주문했다. 사회적으로 천리마 기수들에게

고기잡이에 나선 북한 여성
(2015 서울시립미술관 북한프로젝트 포스터 중에서)

주어진 농촌현대화의 과제를 위해 처녀는 사랑하는 마음을 접은 것이다. 시집가고 싶은 마음도 있지만 그보다는 농촌의 현대화를 우선 달성하고자 하는 여성을 보여주는 것이다.

이런 당찬 처녀의 마음을 읽지 못한 총각은 심술이 나서 처녀에게 퉁명 댄다. "처녀라도 늙어 놓면 볼꼴이 망칙하지 제 아무리 처녀라도 흥흥 어쩔 수가 없단다"고 퉁퉁거린다. 총각의 퉁명거림은 불만을 넘어 인신공격에 가깝다. 처녀의 눈에는 그래도 그런 총각이 싫지는 않는가 보다. "총각은 화가 나"서 씩씩거리는데, "처녀는 웃고 있"다. 처녀는 그런 총각을 달랜다. 뜨락똘 운전수가 되어서 풍년이 들면 "뜨락또르 타고서 당신께로 갈테"니까. 조금만 더 참고 열심히 일해서 풍년이 들도록 해달라고 달랜다.

사회주의 건설을 위해 나서는 여성의 이미지는 노래와 영화를 통해 적극적으로 만들어졌고, 보급되었다. 특히 1960년대 접어들면서부터 공산주의적 인간 개조를 주장하면서 여성혁명화를 추진하였다. 여성의 혁명화는 가정의 혁명화는 물론 온 사회의 혁명화와 노동 계급화를 추진하는 핵심 사업으로 간주되었다. 1970년대를 전후하여 경제 계획의 달성과 '3대 기술혁명' 완수를 위한 과정에서 여성의 노동력이 절실해지면서 이른바 '일하는 여성'을 주인공으로 하는 영화들이 만들어졌다. 이 시기에 만들어진 영화로는 〈어느 한 녀성의 직장에서〉(1970), 〈녀성 뜨락또르 운전수〉(1970), 〈처녀리발사〉(1970), 〈안해의 일터〉(1970), 〈사과 딸 때〉(1970), 〈포구의 처녀들〉(1971), 〈우리 렬차 판매원〉(1971), 〈처녀지배인〉(1977) 등이 있다.

여성가요의 정서, '기쁨'과 '즐거움'

조선화 〈돼지사양공〉

우리의 가요가 가수의 음색에 따라서 다양하게 불려지는 반면 북한에서는 가요의 창법이 규정되어 있다. 노래마다 정해진 창법에 맞추어 불러야 한다. 어떻게 불러야 하는지는 노래 첫머리에 밝히고 있다.

음악의 정서를 혁명적인 내용에 맞춘다고 하여 왝왝 고아대거나 높이 지르기만 하여서는 안 된다. 내용이 혁명적이라고 하여도 행진곡과 같이 전투적인 정서가 맞을 때도 있고 서정이 깊고 은

근한 정서가 맞을 때도 있으며 밝고 명랑한 정서나 부드럽고
우아한 정서가 맞을 때도 있고 슬프거나 비장한 정서가 맞을
때도 있다. 그러나 그 모든 음악의 정서는 가사의 혁명적 내
용에 맞게 건전하고 고상하며 풍만하고 깊이가 있어야 한다.
퇴폐하고 저속하며 메마르고 경박한 정서는 혁명적인 내용과
아무런 인연이 없다.

—김정일, 『음악예술론』(조선로동당출판사, 1992), 36쪽.

모든 음악은 가사에 맞게 고상하고 풍만하고 깊이 있게
불러야 한다는 것을 강조한다. 그렇다면 여성을 주인공으
로 하는 가요의 정서는 어떤 것일까? 밝고, 경쾌한 것이
특징이다. 여성을 주제로 한 가요의 창법에 대해서는 대체
로 긍정적이고 밝게 부를 것을 주문한다. "〈나는 몰라요〉
(좀 빠르고 사랑스럽고 유쾌하게)", "〈녀성은 꽃이라네〉(랑만
에 넘쳐 흥겹게)", "〈녀성의 노래〉(랑만에 넘쳐 흥겹게)", "〈처
녀들의 가슴은 설레였다네〉(보통속도로 명랑하게)", "〈처녀
시절〉(랑만에 넘쳐 아기자기하게)", "〈처녀의 노래〉(흥겹게)"
등이다.

여성이 등장해서가 아니다. 음악인들에게 강조한 생활
가요는 환희와 기쁨, 긍지와 자부심을 느낄 수 있는 노래
이다. 여성을 주제로 한 가요이지만 이별이나 헤어짐의 정

서는 없다. 환희와 기쁨만이 존재한다.

'슬픈', '이별' 같은 가사도 없다. '봄바람', '산들산들', '젊은이', '좋아한다', '울긋불긋', '반기는', '실버들', '하늘하늘', '춤', '축복', '꽃', '한가정', '알뜰살뜰', '정다운', '행복'의 어휘로 이루어져 있다. 창법과 어휘를 통해 당에서 요구하는 낙천성과 행복감을 조작적으로 강제한다. 생활 감정과 정서를 표현하는 예술이 어둡다는 것은 생활이 어둡고 사회가 어둡다는 것을 의미한다고 보기 때문이다. 북한이 주장하는 사회의 모습과 맞지 않는다. 북한이 주장하는 선진화된 사회 제도에 사는 북한 인민들의 밝은 모습을 나타내야 한다. 이것이 김정일이 강조한 '인민대중의 자주적인 지향과 요구를 구현'한 음악이고, 여성과 음악이

전자기타를 연주하는 은하수악단원

결합하는 코드이다.

여성가요와 일터

여성을 주제로 한 가요의 공간적 배경은 직장이다. 여성의 직업도 노동자가 대부분이다. 여성의 직업은 '뜨락똘 운전수'(〈처녀의 노래〉), '전차공 처녀'(〈처녀시절〉), '처녀작업반장'(〈처녀들은 속삭이였네〉), '선반공 처녀'(〈처녀로 꽃 필때〉), '처녀병사'(〈처녀병사들의 노래〉), '처녀 배포원'(〈처녀배포원〉), '철도승무원'(〈녀성승무원조〉) 등이다. 공장이나 농장에서 일하는 여성들이다. 군인도 있다. 〈나는야 선군시대 총대처녀〉, 〈녀성해안포병의 노래〉, 〈처녀병사들의 노래〉, 〈처녀의 노래〉 등에서 여성은 군인이다.

여성이 그리는 남성들 역시 노동자, 농민이 주인공이다. 남성의 직업은 '농촌 총각'(〈처녀의 노래〉), '굴진공 그 총각'(〈처녀시절〉), '초소의 병

보천보전자악단의 리경숙 공연 비디오

사'(〈처녀의 손수건〉), '시내가의 통신병'(〈처녀와 통신병〉), '굴진공 그 총각'(〈처녀시절〉), '쇠돌을 캐는 노동자'(〈아직은 말 못해〉), '해탄로 건설장 지원 온 병사'(〈처녀들은 귀속말로 속삭이였네〉), '제대군인 노동자'(〈처녀들은 속삭이였네〉), '주물공 그 총각'(〈처녀들의 가슴은 설레였다네〉), '선반공 총각'(〈처녀로 꽃 필때〉)이다.

남녀의 사랑은 노동현장과 연계되어 있다. 같은 직장에서 일하다가 '혁신자 영예', '혁신자 꽃다발'을 받고 결혼을 예비한다. '혁신자 칭호', '혁신자 꽃다발'은 결혼의 전제 조건이다.

공적 자아로 강제되는 북한 여성

여성을 주인공으로 한 북한 가요의 또 다른 특징은 개인적인 상징이 없다는 것이다. 개인적인 상징이란 화자를 다른 사물에 비유하거나 은유적으로 표현하는 것이다. 개인적인 상징성이 거세되고, 객관화된 화자(話者)로서 존재한다. 화자가 객관화되어 있기에 주관적인 정서가 끼어들여지가 없다. 주체를 강조하는 북한이지만 정작 여성으로서 주체는 상실되었다.

북한 여성은 개별화된 자아로서 존재하는 것이 아니라 객관화되고 공식화된 여성으로 존재한다. 한결같이 조국을 위해 건설하고, '우리의 행복'을 위하여 일하는 여성들이며, '장군님 두리에 사는' 씩씩한 여인으로만 존재한다.

가사에는 비유나 상징이 극도로 절제되어 있다. 여성을 표현하는 상징물은 '생활의 꽃', '행복의 꽃', '나라의 꽃'(〈녀성은 꽃이라네〉)이 거의 전부이다. '생활의 꽃'은 "한가정 알뜰살뜰 돌보는 꽃"이고, '행복의 꽃'은 "아들딸 영웅으로 키우는 꽃"이다. 여성의 행복은 아들딸을 영웅으로 키우는 데 있다. '나라의 꽃'으로서 여성은 '위훈의 길'을 따라갈 때 피어난다고 강조한다.

직장이나 혁명건설장에서의 당당한 태도와 달리 반면 애정 문제에서는 지극히 소극적인 태도를 취한다. 여성의 입장에서 사랑의 감정을 표현한 가요로는 〈녀성은 꽃이라네〉, 〈아직 말 못해〉, 〈내 이름 묻지 마세요〉, 〈날보고 눈이 높대요〉, 〈처녀시절〉, 〈모르는 가봐〉 정도이다. 보천보전자악단의 대표 레퍼토리이다. '수줍은 감정을 숨기지 못하는 순박

조선화 〈사슴사양공〉

한 처녀'의 이미지 그대로이다. 여성으로서 적극적인 애정 공세보다는 순박하고 얌전한 이미지가 우선이다. 사실이 그렇다는 것이 아니라 북한 가요의 가사가 그렇다는 것이다. 가요 속에서 묘사한 이미지가 현실에서 그대로 적용되는 것은 아니다. 하지만 북한에서 여성에 대한 사회적 인식과 이미지가 어떤 것인지는 확인할 수 있다.

일하는 여성을 조각한 동상을 쳐다보는 북한 여성

혈육보다 소중한 장군님 말씀을
받드는 여성경제관리위원장
: 혁명연극 〈오늘을 추억하리〉

"한마을을 돌보는 일꾼도 힘든데 온 나라의 가정을 돌보시면서 불꺼진 거리와 숨죽인 공장들 그리고 허기져 쓰러지는 인민들을 보시며 철령을 넘으시는 장군님의 심중이야 오죽하시겠소."

—혁명연극 〈오늘을 추억하리〉 중에서

김정은 시대 최고 히트 연극 〈오늘을 추억하리〉

〈오늘을 추억하리〉는 김정은 시대 가장 주목받은 연극 작품, 가장 많이 호명되고, 강조된 연극이다. 북한에서는 문학예술 작품에게 수여되는 최고의 명예인 김일성상을 수상한 김일성상계관작품이다.

2000년대에 공연되었던 것을 2011년 7월에 국립연극단에서 새롭게 창작하여, 무대에 올리면서 일종의 신드롬을 불러일으킨 연극이다. 2011년 7월 14일에는 김정일 국방위원장과 김정은 제1위원장이 함께 관람하기도 하였다.

북한의 주요 도시에서 순회공연이 있었고, '인민의 요구'에 맞추어 조선중앙텔레비죤 방송을 통해 전국으로 방영되었다. 북한 보도에 의하면 평양에서 공연된 연극은 "연일 초만원을 이루었다"고 보도하면서, 국립연극단이 지방 순회공연을 예정하고 있는 상황에서 텔레비전 방송으로 공연을 녹화 중계하게 되었다고 보도하였다. 재창작 공연과 관련하여 북한의 방송과 언론에는 연일 호평을 쏟아내면서 대대적으로 보도하였다. 조선중앙텔레비죤으로 방영된 이후에는 "일시에 대파문을 일으키며 온 사회를 끓게 하였다"고 보도하였다.

고난의 행군을 온몸으로 돌파하는 여성, 강산옥

〈오늘을 추억하리〉는 고난의 행군을 배경으로 당에서 제기한 발전소 건설 사업을 둘러싼 이야기이다. 중소형 발전소 건설을 통해 고난 극복의 돌파구를 열어야 한다는 당의 방침을 실행하는 과정에서 산간마을 사람들이 군인들과 함께 보여주는 불굴의 정신력을 주제로 한다.

고난의 행군시기, 군행정경제위원회 위원장인 강산옥은 주민들과 배고픔을 참아가면서 자력갱생으로 살아보려고 노력한다 하지만 적극적으로 추진했던 발전소 건설에 관계당국과 마찰이 생기면서 차질을 빚게 된다. 이에 도행정경제위원회 부위원장 광천은 군에 있는 온천과 절을 개발하여 관광업을 하자고 제안하고 전력공업부에는

발전소 건설공사를 계속하기 어렵다고 보고한다. 발전소 건설을 둘러싸고 이견이 생긴 것이다.

강산옥은 자력갱생으로 살아가고자 하면서, 발전소 건설을 추진하지만 도행정경제위원회 부위원장 최광천은 관광사업이 현실에 맞다고 보면서 공사가 어렵다는 보고를 올린 것이다. 강산옥과 광천은 발전소 건설을 둘러싸고, 갈등하고 대립하는 인물이다. 하지만 두 사람은 끊을 수 없는 관계가 있었다.

어떤 관계일까? 사실 두 사람은 40년 전에 헤어진 친남매였다. 강산옥에게는 40년 전, 어릴 때 헤어진 동생이 있었다. 부모를 다 잃고 헤어진 동생을 애타게 찾고 있었는데, 강산옥이 추진하는 발전소 사업을 반대하는 최광천이 바로 강산옥이 40년 동안 찾아 헤매던 남동생이었다. 강

산옥은 어느 날 주민등록과장으로부터 산옥의 동생이 광천이라는 사실을 듣고, 최광천이 사실은 40년 전에 헤어져 생사도 모르고 있던 친동생이라는 것을 알았다.

피보다 진한 장군님의 말씀

40년 전에 헤어진 친동생을 만난 강산옥의 기쁨은 이루 말할 수 없었지만 발전소 건설에 반대하는 광천의 모습을 바라보면서 강산옥은 자신이 누이라고 밝히지 못한다. 40년 만에 만난 친동생이었지만 동생을 동생이라고 부르지 못하고 소신대로 발전소 건설 사업을 추진해 나가기로 마음먹는다.

강산옥에게 찾아 온 슬픔은 여기서 끝나지 않는다. 강산옥은 어린 딸 송희를 영양실조로 잃는다. 고난의 행군 시기가 얼마나 어려웠는지를 보여준다. 강산옥은 어찌되었던 군에서 경제문제를 책임지는 군행정경제위원회 위원장이다. 식량난 극복을 포함하는 고난의 행군을 지휘하느라 자식을 제때 제대로 돌보지 못하고 영양실조로 어린 딸을 먼저 보내야 할 정도로 식량난이 심각하였다는 것을 보여준다.

하지만 송희의 죽음은 숭고미와 장엄미로 승화된다. 송희는 어린 중학생이었지만 어른이 본받아야 할 영웅으로 상징화된다. 송희가 영양실조로 죽게 된 것은 희생정신 때문이었다. 송희는 식량난으로 학교에 나오지 못하는 친구들에게 나누어 주려고 발전소 건설장의 비상식량인 강냉이를 가져가기도 했고, 엄마한테서 받았던 쌀 한주머니를 먹지 않고 나누어 준다. 그렇게 죽어 간 어린 딸 송희의 시신을 묻는 강산옥은 "산에 들에 풀뿌리가 없어 이 에미를 떠나가느냐"면서 울부짖는다. 고난의 행군 시기 식량난이 어느 정도인지를 알 수 있는 대목이다.

송희가 죽은 다음에도 발전소 건설은 계속된다. 강산옥은 갖은 난관에도 굴하지 않고, 발전소를 건설하고야 말겠다는 결의를 다진다. 강산옥의 결심을 굳히게 된 데에는 장군님의 일화가 등장한다. 강산옥에게 군당책임비서가 나선다. "한마을을 돌보는 일꾼도 힘든데 온 나라의 가정을 돌보시면서 불꺼진 거리와 숨죽인 공장들 그리고 허기져 쓰러지는 인민들을 보시며 철령을 넘으시는 장군님의 심중이야 오죽하시겠소"라고 말한 뒤 일화를 소개한다.

고난의 행군, 김정일의 신화

"초도를 찾을 때의 일이었소. 군함을 삼켜버릴 정도의 파도가 일어서 초도를 간다는 것은 불가능한 상황이었죠. 수행원들이 만류를 했지만 장군님께서는 받아들이지 않으셨소. 5분이면 갈 길을 50분에 걸려 그것도 자그마한 쾌속정으로 사선의 파도를 헤쳤습니다. 세찬 파도와 바람으

로 카메라 렌즈가 깨져 장군님의 사생결단의 장면을 찍지도 못했답니다. 초도의 지휘관들은 빳빳하게 얼은 장군님의 야전복 자락을 붙잡으며 말을 잇지 못했습니다. 병사들은 '다시는 이런 뱃길에 오르지 말아주십시오. 우리는 장군님만 계시면 이깁니다'라고 장군님 품안에 안겨 울부짖었다고 합니다."

군당책임비서의 이야기를 들은 강산옥은 다시 결심을 굳게 하고 소신대로 발전소 건설 사업을 추진해 나간다. 강산옥의 헌신적인 노력으로 당에서 적극 지원에 나서고, 노동자들도 열성적으로 참여한다. 군당책임비서는, 김일성 주석이 해방직후부터 중소형발전소를 대대적으로 건설할 것을 당 정책으로 내세웠다는 것을 마을사람의 발언을 통해 상기시킨다.

강산옥, 자력으로 발전소를 건설하다

강산옥이 추진하는 발전소 건설에서 가장 큰 걸림돌은 바로 40년 전에 헤어진 동생이었다. 동생과는 송전선을 옮기는 문제를 두고 다시 갈등한다.

발전소 건설에서 가장 큰 문제가 된 것은 발전소 제방

을 중심으로 뻗어 있는 송전선이었다. 군에서는 발전소 건설을 위해 장마가 시작되기 전에 옮겨달라고 하였지만 전력공업부에서는 가을이 되어야 옮겨줄 수 있다고 하였다. 송전선 이전 문제가 제기되면서 발전소 건설 사업은 일대 기로에 놓이게 되었다.

주인공인 군행정위원회 강산옥은 젊은 기술자인 리석기를 중심으로 '철탑연구팀'을 구성하면서 자체적으로 해결하려고 하였다. 최광천이 '장군님께 제의서를 올리는 방법'으로 송전탑 문제를 해결하려고 했다는 것을 보고는 '나는 살아 잇는 동생을 찾았지만 죽은 동생은 찾지 않았다'면서 분노하였다.

강산옥은 자체의 힘으로 송전선을 옮기기로 하였다. 하지만 생각보다 장마가 일찍 시작되었다. 발전소가 넘칠 상

황이 되었다. 제방의 한 편을 허물어 물길을 내지 않으면 제방 전체가 붕괴될 수 있었다. 강산옥은 '불도젤'에 올라 제방의 한 쪽을 허물기 시작했다. 장대비 속에서 작업은 쉽지 않았다. 일하던 강산옥이 위험에 처한 순간 최광천이 나타나 강산옥을 구한다. 하지만 강산옥 자신은 부상을 입고 병원에 입원한다.

강산옥은 자신을 대신해서 다친 동생 광천의 건강이 걱정되었지만 '발전소 건설이 먼저'라면서 송전탑에 올라 탑을 지켜낸다. 이 소식을 들은 장군님이 최고사령부 군관을 보내서 '결사관철의 정신을 치하'해 준다. 강산옥과 최광천도 감격스러운 재회의 기쁨을 만끽한다. 북한에서는 '당정책을 관철하면 살고, 버리면 죽는다는 것을 보여준 작품'으로 평가한다.

평양거리 주택 건설장에 나선 처녀들
: 텔레비전극 〈건설장의 처녀들〉

"북한 영화와 드라마 작품 중에서 가장 많은 비중을 차지하는 내용이 바로 당의 경제건설 및 노동정책을 교양하고 그에 따르도록 선동하는 것이다. 선군시기 영화 속 노동생활에서 지속적으로 드러나는 가장 두드러진 특징은 바로 선군시대 '속도전'과 자력갱생 정신이다."

—안지영, 「김정일 시기 북한영화의 젠더 담론 연구」(인제대 박사 학위논문, 2014), 95~96쪽.

통일거리 살림집 건설에 나선 처녀들

〈건설장의 처녀들〉은 1992년에 조선중앙텔레비죤에서 제작한 3부작 드라마이다. 통일거리 고층아파트 건설현장 처녀들의 사랑과 노동을 통한 진정한 사랑과 조국애를 주제로 한 드라마이다. 통일거리 건설이 시작되면서 살림집 건설 문제가 제기되고, 여러 공장에서 건설현장에 투입된다. 방직공장대대의 대대장 선희와 기계공장대대의 대철도 건설전투에 참여하게 되었다. 주인공 선희의 방직공장대대가 살림집 건설에서 가장 중요한 문제인 승강기 문제를 독자적으로 해결하면서 통일거리 건설전투에서 우승을 한다는 줄거리이다.

통일거리는 평양시 낙랑구역에 새로 조성된 이른바 신시가지이다. 1989년 12월 김정일의 평양시 건설사업 지도

에 따라서 통일거리 건설 사업이 새롭게 시작되었다. 통일 거리는 인접한 광복거리와과 함께 대대적인 건설 사업을 통해 다양한 형태의 고층살림집(아파트)이 건설되었다.

〈건설장의 처녀들〉을 이끌어 가는 주인공은 선희, 대철, 옥희이다. 주인공 선희는 고사포 중대장을 지낸 제대군인으로 방직공장원으로 통일거리 살림집 건설에 참여한 방직공장대대의 대대장이다. 살림집 건설에서 제기된 여러 문제를 해결하고 장마철에도 살림집을 건설할 방도를 찾아내어 살림집 건설 전투에서 우승한다. 대철은 살림집 건설에 나선 기계공장 건설대대의 대대장으로 선희와 함께 살림집 건설에서 제기된 문제를 선희와 함께 해결한다. 옥희는 일이라고 해본 적이 없이 곱게 자란 처녀로 통일거리 건설현장에 참여한 처녀이다.

여성동지여, 주체적으로 건설하자

1990년 통일거리 건설 사업이 착공되면서 방대한 살림집 건설이 시작된다. 통일거리 건설에는 여러 위훈이 있었는데, 그 가운데서 통일거리 건설과 관련한 작은 위훈을 이야기하려고 한다는 내레이션이 펼쳐진다.

건설현장에서 음악소리가 울려 퍼지면서 처녀들을 실은 트럭이 도착한다. 신나는 음악과 함께 공장처녀들이 살림집 건설에 투입된 것이다. 건설장에는 방직공장대대라는 대대 깃발이 올라가고 건설이 시작된다. 방직공장대대는 15층 살림집을 맡았는데, 여성들이라 일이 서툰 것을 걱정한다. 현장에서는 톱질도 서툴고 망치도 서툴러서 걱정하는데, 선희는 전쟁 때는 여성들이 여러 가지 일을 했었다면서 걱정하지 말라고 한다.

방직공장 건설장 옆에는 기계공장대대가 건설진투를 하고 있었다. 기계공장대대의 대대장은 대철로서 선희와는 군대시절의 인연이 있었다. 대철이 군대 운전수로 있었을 때, 운전을 하던 중 앞에서 수렁에 빠진 트럭을 도와주려고 하다가 참여하지 말라는 무안을 듣고 물러났던 기억이 있었다. 건설현장 곳곳에서 여성들이어서 일을 제대로

하겠느냐면서 무시당한다. 선희는 기초건설이 끝날 것을 예상하고는 부여단장을 찾아가 기중기를 달라고 요청하였지만 여성들만으로 그 시기에 기초건설을 끝낼 수 없다는 이야기만 듣는다.

건설현장에서는 기중기 연구사가 기중기 없이 건설할 수 있는 방법인 바가지 승강기를 창안하였다면서 건설현장에서 사용할 것을 설명한다. 연구사의 친구이면서 건설대대장인 대철을 찾아가 사용해 볼 것을 말하지만 거절당한다. 다른 건설현장에서 찾아가 사용할 것을 설득하였지만 거절당하는 것을 목격한다. 기중기 없이 건설하는 것은 설계상의 문제고 아직 현장에서 시험해 본 일이 없다면서 거절한다. 연구사의 이야기를 듣던 선희는 연구사를 쫓아가 연구사를 만나 연구사가 설계한 승강기 이야기를 듣고는 도입하기로 결정한다. 그러나 정작 연구사는 이것은 처음 있는 일이라 먼저 힘 있는 건설장에서 사용하도록 할 것이라고 말한다. 여전히 방직공장대대가 여성으로 구성되어 있어 무시한다는 것을 알고는 낙담한다.

건설 현장에서 회의가 열리고 기계공장과 방직공장의 공동건설이 논의되었고, 두 건설대대의 대대장인 대철과 선희는 서로 인사를 나누고 군대시절의 인연을 이야기한다. 이 두 사람이 서로 알고 있다는 것을 모르는 선희의 어머니와 대철의 삼촌이 마침 한 공장에서 일하고 있었는데, 서로 선희와 대철의 사진을 주고받고 마음에 들어한다.

한편 선희의 요청을 거절하였던 연구사는 밤늦게 집으로 돌아가다가 용접을 배우는 선희를 보면서 선희의 진정성을 조금은 이해하게 된다. 공사를 진행하던 도중 암반이 나오면서 난관에 부딪친다. 선희는 압만을 제거하러 폭약을 가지러 갔다가 여성건설대의 뒤처리나 해야한다는 대철의 불만을 듣게 된다. 기계공장 건설대원들은 남성이 여성을 도와주는 것은 미덕이 아니냐면서 여자들을 도와줄 것을 결의하고, 암반이 나온 곳으로 여자들을 도와주러 온다.

남성 건설대원들은 어려운 암반 해체 공사를 시원시원

하게 처리해 나간다. 기계건설대원들이 돌아간 다음 선희는 대원들을 모아놓고 호소한다. 남자들의 도움을 받으면 쉬운 건 사실이지만, 스스로의 힘을 하자며 울면서 호소하고, 노동자들도 선희의 진심을 이해하고는 선희의 뜻을 따를 것을 이야기한다.

건설장에서 일하는 여성을 소개한 잡지

여성의 용기와 실력을 보여주다

방직공장대대에는 옥희라는 처녀가 있었는데, 힘든 일을 한 번도 해본 적이 없었다. 건설현장에 처음 나온 옥희는 작업장이 너무 힘들다며 공장으로 돌아가고 싶어 한다. 이런 옥희를 보면서 선희는 힘을 주기 위해 고민하다가 노래를 부르면서 힘을 돋운다. 건설현장에 노래가 울려 퍼지면서 공장은 금세 활기를 찾는다.

한편 바가지 승강기를 연구하던 연구사는 다른 곳에서 이용하겠다는 제안이 왔지만 이를 물리치고 방직공장에게 승강기를 주기로 결심한다. 방직공장을 찾아가 여성을 무시했던 점을 사과하면서 선희에게 도면을 건넨다. 대철과 선희가 서로 알고 있다는 것을 모르던 대철의 삼촌은 대철을 찾아가 선희의 사진을 건네면서 선을 보라고 하였

다. 그러나 대철은 삼촌에게 사진을 도로 가져가라면서 선희에게 마음이 없음을 말한다.

건설현장에 처음 나와 힘들어 하던 옥희는 발파가 시작되었는데도, 발파 현장 근처에 있다가 위험에 처한다. 선희가 힘들어 하는 것을 본 대철은 방직공장건설대를 위하여 기중기를 양보하기로 하지만 바가지 승강기 제작에 들어간 선희는 기중기를 거절하고, 대철은 그런 선희의 행동에 화를 낸다.

한편 선희의 어머니는 어머니대로 선희에게 편지와 함께 대철의 사진을 보내면서 대철에게도 사진을 보냈다고 말한다. 놀란 선희는 대철과의 군대시절 인연을 떠 올린다. 대철은 이웃부대 수송중대에서 근무하고 있었는데, 대철을 좋게 보지 않았다. 대철이 제대한다면서 인사차 찾아온 것을 놀러온 것으로 오해했었다.

옥희가 건설장에 나오지 않자. 선희는 옥희의 집을 찾아간다. 옥희는 아침에 집을 나갔지만 건설장으로 가지 않았던 것이었다. 집으로 찾아 온 선희를 보면서 옥희는 몸을 피하고, 자신의 꼴을 우습게 생각한다.

건설현장의 효율을 높이기 위하여 고민하던 선희는 건설장의 혼합비율을 맞추는 것이 어렵다는 것을 알고는 손수레에다 혼합비율에 맞추어 자갈, 모래 등의 글씨를 써

놓는 방식으로 효율성을 높였다. 방직공장 대원들은 힘을 합하여 일을 처리하면서 기초공사 기간을 단축하는 성과를 올렸다. 기초공사가 성과적으로 끝나고 축하를 겸한 총화시간이 열리자, 선희는 여성이라고 남성보다 못하다거나 못할 일은 없다며 자신감을 가지고 열심히 일하자는 결심을 다졌다. 기초공사가 끝나고 본 공사가 시작되었는데, 공사 시작하는 날 마침 비가 쏟아진다. 공사경험이 많은 아바이는 빗속에서 용접은 감전위험과 기포가 발생할 수 있다며 휴식하자고 말한다. 그러나 여성대원들은 비를 맞지 않으면 된다면서 비닐로 비를 가리면서 철근 용접공사를 진행한다.

처녀의 불타는 충성심으로 올린 건설 위훈

　건설장에는 방직공장 대대에 대한 평가가 새로워지면서 선희에 대한 평가도 달라진다. 선희를 찾아 온 선희 엄마가 '그 총각(대철)이 통일거리 건설이 끝나기 전에는 결혼할 생각이 없다면서 사진을 보지도 않았다'고 말한다. 선희도 대철의 사진을 돌려주면서 '자기도 아직 안 보았다'고 말하도록 한다.

　선희는 일에 능숙하지 못한 처녀들을 위하여 효율적으로 일할 수 있는 방법을 연구하도록 한다. 연구사의 승강기가 작동에 계속 실패하자, 선희도 걱정이 커졌다. 연구사는 바가지승강기의 성공을 자신 없어 하면서 지금이라도 기중기를 받으라고 말한다. 남옥은 연구사에게 선희의 마음고생을 이야기하며 포기하지 말라고 말한다. 우연히

그 이야기를 들은 선희는 마음이 뭉클해진다.

한편 건설장 일을 힘들어 하던 옥희는 동생을 보내 작업복을 찾아오도록 한다. 옥희는 건설장을 포기하고 공장으로 나갈 생각을 가졌던 것이다. 그날 밤 옥희네를 찾아간 선희는 통일거리 건설장의 중요성을 말하면서 이 일에서 옥희가 물러서면 다른 곳에서는 어떻게 하겠느냐면서 반드시 옥희를 건설장으로 보내야 한다고 말한다. 선희와 엄마가 말하는 것을 듣고 있던 옥희는 자신의 잘못을 반성하고 건설장으로 나온다. 마침내 연구사의 바가지승강기도 성공적으로 설치되면서 방직공장대대는 다시 활기를 찾는다.

방직공장대대가 빠른 속도로 주택을 건설해 나가자. 기계공장대대에서는 일을 궁금해 하면서 현장을 엿보러 왔다가 방직대대가 안전을 보장하면서 효율적으로 일을 하

는 것을 알게 된다.

장마철을 앞두고 선희는 대책을 강구한다. 선희는 건설이 힘들지만 장마를 대비하여 골재를 받아 놓자고 말한다. 그러던 중 1중대 중대장인 복실이 머리를 하러 갔다가 늦어지는 바람에 선희에게 크게 혼이 나고 평대원으로 강등조치를 당한다. 복실에게는 군대에 있는 애인이 있었는데, 휴가를 맡아 온다는 편지를 받고는 미용원에 머리를 하러 갔던 것이었다. 복실을 찾아 온 애인은 휴가 기간을 통일거리 건설장에서 보내겠다고 말한다. 선희는 귀한 휴가시간을 그렇게 보낼 수가 없다면서 복실에게 휴가를 주어 두 사람이 같이 보내도록 하겠다고 하였다. 하지만 두 사람은 통일거리 건설장에서 일을 하겠다고 간청한다. 두 사람은 같이 일을 하면서 휴가를 보냈다.

장마가 시작되자, 기계공장대대에서는 미처 예비를 확보하지 못하여 손을 놓고 있었다. 방직공장 대대에서는 20일 분의 예비를 확보하고 건설을 진행하였다. 선희는 기계공장대대에 골재를 실어가라고 하였지만 기계공장 대원들은 골재를 받지 못한다. 선희는 대철을 찾아가 지난날 자기와의 관계 때문에 골재를 받지 않는 것은 옳지 못하다고 말하면서 우리가 힘들 때 서로 돕지 않았냐며 설득하였다. 대철도 경험만을 믿고 일하는 자신을 반성한다.

방직공장의 골재차가 도착하고 대철도 진정으로 선희에게 감사하다는 말을 전한다.

통일거리 건설이 어느 정도 윤곽이 잡혀갈 무렵 대철은 선희에게 '선희의 사진을 받았었다'고 실토한다. 통일거리 건설 전투에서 두 공장은 모두 좋은 실적을 올린다. 통일거리건설에서 대철과 선희의 대대가 승리하고 방송국에서도 취재가 나온다. 대철은 선희를 대신하여 방직공장 대대의 건설위훈을 칭찬하면서 처녀들의 불타는 충성심이 이런 실적을 올렸다고 말한다.

평양거리 주택 건설장에 나선 처녀들: 텔레비전극 〈건설장의 처녀들〉　157

당의 뜻을 목숨으로 받든 간호병사
: 혁명가극 〈당의 참된 딸〉

북한에서는 〈당의 참된 딸〉에 대해 "어버이수령님에 대한 끝없는 충실성에 기초하여 뜨겁게 흘러나오는 그의 고상한 혁명적동지애를 높은 예술적 서정으로 보여준 작품"이라고 평가한다.

당원이란 어떤 사람이며, 어떤 사람이어야 하는가

혁명가극은 〈당의 참된 딸〉은 조선인민군협주단에서 1971년에 창조한 전6장으로 구성된 혁명가극 작품이다. 김정일 국방위원장은 1971년 11월 18일 혁명가극 〈당의 참된 딸〉의 창작과 관련하여 "혁명가극 〈당의 참된 딸〉창작 일군협의회에서 한 연설"을 통해 구체적인 창작 방식을 제시하기도 하였다.

형식적인 측면에서 혁명가극 〈당의 참된 딸〉은 '피바다식 가극'의 음악적 특성을 활용한 작품으로 평가한다. 주인공의 정신세계, 작품의 주제를 돋보이게 하는 보조 수단으로 무용과 무대미술이 잘 활용된 작품으로 평가한다. 하지만 보다 높은 평가를 받는 것은 주제이다.

혁명가극은 〈당의 참된 딸〉을 창작한 조선인민군협주단은 북한군에서 운영하는 예술단체이다. 조선인민군협주단에서 혁명가극 〈당의 참된 딸〉을 제작한 가장 큰 이유는 주인공 강연옥이 간호병사이기 때문이다.

혁명가극 〈당의 참된 딸〉은 6·25를 시대적 배경으로 하여 군대에 소속된 간호병사 강연옥의 활약상을 그린 작품이다. 어린 소녀병사의 몸으로 부상병을 이끌고 후방병원까지 무사히 이송하라는 지시를 받은 강연옥은 부상병의 병원일지와 약품을 챙기고는 후방 병원으로 향한다. 도중에 식량이 떨어져 마을로 내려가서 구해야 했고, 강물도 건너야 했다. 몇 차례의 고비를 넘기면서 힘들게 부상병들을 후방까지 이송한다. 후방까지 무사히 부상병을 이송한 후 후방 병원에서 부상병들을 치료하다 폭격으로 숨을 거둔다.

당원을 꿈꾸는 소녀병사 강연옥

주인공인 소녀병사 강연옥은 당원이 되기를 소망한다. 혁명가극 〈당의 참된 딸〉에서 강연옥이라는 소녀병사를 통해 보여주고자 하는 주제도 바로 당원의 문제이다. 즉 '당원이란 어떤 사람'이며, '당원이 될 수 있는 사람은 어떤 사람이어야 하는가'를 보여주고자 하였다는 것이다. 이러한 주제의식은 가극의 노래를 통해 분명하게 보여진다. 1장에서 주인공이 부리는 〈아 당원이란 어떤 사람들인가〉와 〈간호원의 생각은 깊어만 가네〉 등의 노래는 주인공의 심경을 표현한 주제가이다.

강연옥은 오직 위대한 수령님을 위하여, 당과 조국을 위하여 청춘도 생명도 서슴없이 바치는 혁명가의 전형으로서, 전우에 대한 뜨거운 동지적 사랑과 임무에 대한 높은 책임성, 헌신성을 보여주는 인물로 설정한 것이다. 강연옥은 세포위원장으로부터 '당원은 순간을 살아도 위대한 수령 김일성 동지를 위해 살고 일생을 살아도 경애하는 수령님께 끝없이 충직한 전사'라는 이야기를 듣고는 자기도 그렇게 살겠다고 다짐하고 실천한다는 것이다.

이렇게 실천하는 과정에서 당원의 임무와 생활태도를 보여주었다는 것이다. 북한에서는 혁명가극 〈당의 참된 딸〉에 대해서 '주인공 강연옥이 치열한 고지전투를 통해 혁명정신과 헌신, 영웅적 투쟁을 목격하면서 당원으로서의 역할에 대해 생각하면서, 당원은 어떤 인물이며, 어떤 삶을 살아야 하는지를 보여주는 작품'으로 평가한다.

간호병사 강연옥, 그녀에게 주어진 임무

간호병사로 병원에서 부상병을 돌보는 강연옥의 소원은 당원이 되는 것이다. 강연옥은 병사들이 치열하게 싸우는 것을 보면서, 혁명에 대해 고민한다. 동시에 참된 당원으로서 삶은 어떤 것인지에 대해서도 고민한다. 강연옥에게 멘토는 당 세포위원장이다. 강연옥은 당세포위원장으로부터 "순간을 살아도 위대한 수령 김일성동지를 위해 살고 일생을 살아도 경애하는 수령님께 끝없이 충직한 전사로 살아야 한다"는 말을 듣고는 가슴에 새긴다.

그러던 어느 날 강연옥에게 새로운 임무가 주어졌다. 부상병들을 태백산병동까지 무사히 후송하라는 것이었다. 어린 소녀가 부상병을 이끌고 가는 길은 만만치 않았다. 하지만 어려운 고비를 넘기고, 인민들의 도움을 받으면서 천신만고 끝에 집결지인 태백산병동으로 찾아 갔다. 무사히 임무를 수행했다고 생각했다. 하지만 상황은 그게 아니었다.

1차 집결지인 태백산 병동은 이미 폐쇄된 상태였다. 병동은 없어지고, '제2집결지로 오라'고만 쓰여 있었다. 연옥은 뜻밖의 정황에서 당황한다. 어떻게 병사들을 이끌고 갈 수 있을지 걱정이 되었다. 하지만 강연옥은 다시 마음을 잡고, 출발한다. 강연옥이 다시 힘을 얻은 것은 바로 수령에 대한 그리움이었다. 연옥은 '어버이수령님'의 품에 안기려는 하나의 생각으로 용기를 얻은 것이다.

소녀병사의 몸으로 부상병을 이끌고 가는 과정은 쉽지 않았다. 하지만 어려운 과정을 인민들의 도움과 협력으로

하나하나 극복해 나갔다. 그렇게 남천강도 건너고, 마을로 가서 식량을 구한다. 부상병이 정신을 잃고 쓰러지자, 자기의 피를 뽑아 수혈하면서 정성을 다한다. 어린 여자 병사의 몸으로 감당하기 힘든 어려움이 있었지만 모든 것을 이기고 마침내 부상병 전원을 안전하게 후방병원까지 후송하는데 성공한다.

당원으로 목숨으로 당의 뜻을 받드는 강연옥

당에서도 전투임무를 훌륭히 수행한 강연옥을 높이 평가하면서 당원으로 받아들인다. 꿈에도 그리던 당원이 된 강연옥은 기쁜 마음으로 하루하루를 보낸다. 간호병사로서 병사들을 위해서 최선을 다한다. 연옥은 중환자에게 자기의 뼈를 내어주면서 병사를 살리기 위해서 온갖 정성을 다한다.

그러던 어느 날 비행기의 폭격이 시작되었다. 비행기의 폭격 속에서 환자들을 업어 나르던 강연옥은 폭탄을 온몸으로 막고 쓰러진다. 강연옥은 숨이 지는 마지막까지 당원으로서 자세를 버리지 않는다. 자기의 당증을 당중앙위원회에 전해 달라는 부탁과 함께 '장군님을 뵙고 싶습니다'

라는 말을 남기고 최후를 마친다.

수령충성의 여성영웅 강연옥

주인공인 강연옥은 실제 인물로 이수복, 길영조 등과
함께 당원으로서의 자세를 보여준 대표적인 영웅으로 칭
송되는 인물이다. 북한의 문학예술 작품은 낙관적인 전망
을 제시하는 것이 일반적인데, 이 작품은 비극으로 끝난
다. 마지막 순간까지 당을 찾고, 수령을 일편단심으로 찾
는 모습에서 당원으로서의 본보기를 보여주고자 한 의도
가 분명히 드러난다.

〈당의 참된 딸〉에 대한 북한의 평가는 강연옥의 삶과

연결되어 있다. 북한에서는 〈당의 참된 딸〉에 대해 "어버이수령님에 대한 끝없는 충실성에 기초하여 뜨겁게 흘러나오는 그의 고상한 혁명적동지애를 높은 예술적 서정으로 보여준 작품"이라고 평가한다.

혁명가극 〈당의 참된 딸〉에서 높이 평가하는 요소의 하나가 주제가이다. 주제가는 〈어디에 계십니까 그리운 장군님〉은 김정일이 지은 곡으로 선전한다. 북한에서는 '수령을 위해서는 한 목숨을 서슴없이 바칠 것'이라는 내용으로 〈어디에 계십니까 그리운 장군님〉은 '높은 사상성과 풍만한 정서성, 주인공의 사상심리 세계를 깊이 파고드는 능란하고 다양한 형상기법의 적용으로 가극 주제가 창작의 참다운 본보기'라는 평가를 받고 있다.

제3부 사회주의 대가정 속의 여성들

아버지의 뒤를 이어 구두수선공이 된 세 자매
: 〈자매들〉

아버지를 따라 과학자의 길로 나서는 여학생
: 〈한 녀학생의 일기〉

인민반의 살림꾼 여성 인민반장
: 〈우리 인민반장〉

사랑과 헌신으로 기적을 이룬 여의사
: 〈사랑의 대지〉

장군님을 향해 하늘까지 달린 여성 마라토너
: 〈달려서 하늘까지〉

전국 최하위 작업분조를 모범작업반으로 가꾼 여성선전원
: 〈벼꽃〉

아버지의 뒤를 이어
구두수선공이 된 세 자매

: 〈자매들〉

"인생에 있어서 중요한 것이 배우자를 만나는 것인데, 후회
를 해서는 안 되겠지요. 저는 사랑을 위해서 직업을 버릴 수
없어요."

—예술영화 〈자매들〉 중에서

신발수리공이 된 세 자매

〈자매들〉은 조선예술영화촬영소에서 제작한 예술영화이다. 결혼을 앞 둔 세 자매를 통해 올바른 배우자란 어떤 사람이어야 하는가? 직업의 참모습은 사회적 위치가 아니라 정신적 위치에 있다는 것을 주제로 한다.

〈자매들〉은 공훈 신발수리공 아버지를 둔 세 자매 향순, 향금, 향미 세 자매의 이야기이다. 향순의 아버지는 공훈 수리공이고 엄마도 능력 있는 수리공이었다. 신발 수리공인 아버지에게 붙은 '공훈 칭호'는 사회적으로 각 분야에서 오랜 기간 동안 능력을 인정받은 사람에게 수여되는 명예칭호이다. 그만큼 향순의 아버지는 사회적으로 능력을 인정받은 수리공이었다.

향순의 아버지는 다른 걱정은 없지만 한 가지 걱정이

있었다. 아들이 없어 기술을 물려줄 사람이 없었기 때문이었다. 그런 고민을 알고 맏딸인 향순이 신발수리공의 길을 걷기로 결심하였고, 두 동생들도 언니를 따라 신발수리공이 되면서 향순네는 엄마, 아빠와 세 자매 모두가 신발수리를 하는 신발수리공 가족이 되었다.

직업인가, 남자인가

평온했던 세 자매에게 일이 생겼다. 맏딸 향순에게 남자가 생긴 것이다. 향순의 애인은 철규라는 로봇공학자였다. 인물도 좋았고 집안도 좋았다. 철규의 아버지는 박사이고 과학자이고, 엄마는 중앙의료원 의사였다. 어디에 내놓아도 남부럽지 않은 집안이었다. 철규는 향순을 보는 순

간 한 눈에 향순을 좋아하게 되었지만 한 가지 직업이 마음에 들지 않았다. 철규가 처음 향순을 만났을 때, 향순이 들고 있는 신발 도안을 보고는 신발연구사로 알았었다. 철규의 친구 방두일도 향순이 신발연구사로 알고 있었다. 그래서 두일은 철규 어머니를 만난 자리에서 '철규가 신발연구사인 향순을 좋아한다'고 알려주기까지 하였다. 두일은 '두 사람이 잘 어울린다'면서 두 사랑의 중매를 자청하고 나섰다.

그러나 철규는 향순이 고장 난 신발을 고치는 신발수리 사업소에서 일하는 것을 보고는 실망하였다. 주위의 시선도 의식되었다. 자기 같이 로봇공학자가 신발 수리하는 처녀를 만난다는 것을 흉볼까 걱정이 되었다. 철규는 두일에게 고민을 털어 놓았다. 향순이 신발수리공이라는 것을 알게 된 두일은 '향순에게 직업을 옮길 것을 권유해 보라'고 귀띔해 주었다. 주변에서도 위치가 맞지 않는다고 생각할 것이 분명하다고 생각한 철규도 그렇게 하겠다고 생각했다.

진정한 신발수리공으로 다시 태어나는 향순

하지만 철규의 아버지는 그렇게 생각하지 않았다. 철규의 아버지는 향순네 신발수리소의 단골손님이었다. 마침 철규 아버지가 출장을 가기 위해 수리를 맡겨두었던 신발을 찾으러 향순네가 일하는 구두수선소를 찾았다. 철규 아버지는 새신발이 있었지만 오래 신었던 구두가 편하다면서 낡은 신발을 고집하면서 고쳐 신곤 하였다.

철규 아버지가 맡긴 신발을 내주려던 향순의 아버지는 신발의 한 뒤축을 수리하지 않았다는 것을 알았다. 향순은 '미안'하다고 하면서, 철규 아버지의 신발을 고치려고 하였다. 그러자 철규 아버지는 향순을 만류하면서 '그 신발이 딱 맞는다'면서 신발을 그대로 받았다. 그리고는 '손님의 기호와 습관까지 헤아려주었다'면서 오히려 고마워하

였다.

그날 저녁 향순은 아버지에게 학자선생이 찾아와서 '고맙다'는 말을 전하였다. 향순의 말을 들은 향순 아버지는 향순에게 좋은 수리공에 대해 말한다. 좋은 수리공이란 단순히 사람의 신발을 고치는 것이 아니라 사람들의 행동을 잘 살피고, 그에 맞도록 신발을 고치는 수리공이라고 알려준다. 그러면서 신발을 고치는 일이 얼마나 중요한지를 이야기해 주었다.

단순히 신발을 고치는 것을 수리공이 해야 할 일 전부라고 생각했던 향순은 크게 깨달은 바가 있었다. 다음날부터 향순은 거리에 나가 사람들의 걸음걸이를 살펴보면서 신발수리를 연구하기 시작하였다.

한편, 철규는 향순을 마음에 두었으면서도, 부모님들의 체면과 동창생이 자신을 어떻게 볼지 걱정이 앞섰다. 신

발연구사도 아닌 신발수리공이라고 하면 가족들이 반대할지 걱정이었다. 얼마 후 향순이 자매들이 유희장에 갔다가 철규의 친구인 두일을 만났다. 철규의 고민을 알고 있는 두일은 이번 기회에 향순의 고집을 꺾어야겠다고 생각했다.

사랑이냐 직업이냐 그것이 문제로다

두일은 향순에게 말했다. "향순이 구두수선공 직업을 고집하는 한 철규를 만나는 것을 다시 생각해야 한다"고 말했다. 향순은 두일의 말을 통해 철규의 속마음을 알게 되었다. 얼마 후 철규를 만난 자리에서 향순은 자신의 입장을 분명히 전했다. 철규에게 '인생에 있어서 중요한 것이 배우자를 만나는 것인데, 후회를 해서는 안 된다'고 하면서 '사랑을 위해서 직업을 버릴 수 없다'는 것을 분명히 하였다.

철규에게 자신의 입장을 밝힌 향순도 마음이 편하지 많은 않았다. 늦은 밤 향순은 지난날을 돌이켜보았다. 향순은 공부를 잘 하였고, 대학으로 가려고 생각했었다. 하지만 아들이 없어 직업을 물려주지 못하고 고민하는 아버지를 보고는 생각을 바꾸었다. 어머니 역시 아버지의 뜻을 따르는 것을 보면서, 아들이 없는 집안에서 맏이가 아버지 일을 하지 않으면 누가 하겠느냐며 아버지의 직업을 따라 구두수선공이 되기로 결심했던 것이다.

이 일이 있은 다음 두일은 철규에게 향순 자매를 만났던 사실을 이야기하면서, 자기가 '친구를 잘못도와 주었다'면서 미안하다고 사과하였다. 하지만 철규도 자기 직업을 고집하는 향순을 보면서, 실망하였고, 향순에 대한 마음을 어느 정도 접은 상태였다. 철규는 두일에게 '이미 향순이 결별을 선언했다'면서 개의치 말라고 하였다. 그렇게 로봇공학자 총각과 신발수리소 처녀의 로맨스는 일단락 되었다.

사람의 가치는 사회적 위치에 있는 것이 아니라 마음의 위치에 있는 것

한편 향순은 밤낮으로 열심히 구두 수선 일을 하였다. 낮으로 열심히 자기 목표를 초과하여 구두 수선을 했고, 밤이 되면 기동예술 선전활동을 모범적으로 하였다. 어느 날 경제선동 활동에 나갔던 향순은 영예군인이 신발이 없는 것을 보고 신발을 만들어 주겠다고 다짐하였다.

철규와 향순 사이를 주선하겠다며 나섰다가 도리어 일이 잘못된 것을 알게 된 두일이 향순네 신발 가게로 찾아왔다. 두일을 본 향순의 동생들은 시큰둥하였다. 하지만 향순은 '누구든 밝게 웃으며 봉사해야 한다'며 그런 동생들을 나무랐다. 두일은 향순에게 '자기가 잘못을 했으니, 철규를 욕하지 말라'고 하였다. 향순은 두일에게 '지난일 잊고 일 잘하라'는 말을 전해 달라면서 생각을 바꿀 뜻이 없음을 분명히 하였다.

얼마 후 아버지와 함께 길을 가던 철규는 우연히 향순과 마주쳤다. 철규의 아버지는 두 사람이 보통 사이가 아니라는 것을 알고는 향순을 기억해 냈다. 그리고 얼마 후 철규의 아버지가 신발 수리점에 들리게 되었다. 철규의 아버지는 향순네 사람들이 열심히 일을 하면서 화목하게 지내는 것을 보았다. 철규의 이야기를 알게 된 철규 아버지는 구두수리소를 찾아갔다. 그리고는 향순의 아버지에게 '못난 자식을 둬서 죄송하다'며, 머리 숙여 사과 하였다. 그리고 집으로 돌아온 철규 아버지는 부인과 철규를 불러 모은 자리에 낮에 향순이 아버지를 만난 일을 이야기하였다. '향순네 가족이 당의 뜻을 받들어서 열심히 일하는 것'을 높게 평가하였다.

한편 두일은 향순이 기고한 글이 실린 잡지를 철규에게 보여주었다. 철규는 향순이 영예군인을 위해 신발을 만들었고, 직접 신발을 신겨 주는 모습을 보면서 직업의 값어치를 다시 생각하게 되었다. 철규는 직업을 사회적 위치에서 보았던 자신이 잘못되었다는 것을 반성하였다. 직업의 참모습은 '사회적 위치에 있는 것이 아니라 정신적 위치에 있는 것'이라고 생각하게 되었다. 향순을 다시 찾아 간

철규는 '자신의 생각아 잘못되었다는 것'을 인정하고, 사과하였다. 그렇게 두 사람은 다시 만나게 되었고 마침내 미래를 함께 하기로 약속한다. 철규와 향순 두 사람은 가족과 많은 사람들의 축복 속에 행복한 결혼식을 올린다.

아버지를 따라
과학자의 길로 나서는 여학생
: 〈한 녀학생의 일기〉

"조국이 어려움을 겪고 있는 조건에서 비록 자그마한 것이라도 인민생활에 보탬이 되고 나라가 허리를 펴는데, 도움이 되는 그런 문제를 실현시키는 것, 이것이 오늘 우리 과학자들의 선차적인 임무가 아니겠소."

—예술영화 〈한 녀학생의 일기〉 중에서

아버지를 따라 과학자의 길로

〈한 녀학생의 일기〉는 조선예술영화촬영소에서 2006년에 제작한 95분 길이의 영화이다. 2006년 개봉 당시 엄청난 인기를 누린 영화이다. 북한 영화로서는 드물게 수련이라는 여학생이 주인공으로 등장하여, 진학을 앞둔 고민과 아버지에 대한 진솔한 감정이 드러나는 영화이다.

대학 진학을 앞두고 있는 수련은 어느 대학으로 진학할지를 고민한다. 아버지는 과학자가 되라면서 이과대학을 권한다. 하지만 수련은 아버지의 길을 가고 싶어 하지 않는다. 오로지 과학기술 발전을 위해 가정도 돌보지 않고 연구에만 몰두하는 아버지를 보면서 아버지처럼 사는 것이 싫었다. 병든 엄마를 나 몰라라 하면서 공장에서 연구에만 몰두하는 아버지를 원망하기도 하지만 결국은 아버지의 길을 따라 과학자가 되기로 결심하고, 이과대학으로

진학한다는 내용이다.

"조국이 어려움을 겪고 있는 조건에서 비록 자그마한 것이라고 인민생활에 보탬이 되고 나라가 허리를 펴는데, 도움이 되는 그런 문제를 실현시키는 것, 이것이 오늘 우리 과학자들의 선차적인 임무가 아니겠소"라고 말하는 아버지의 목소리를 통해 청소년들에게 과학기술의 중요성을 인식하고 과학자가 될 것을 권하는 목소리를 읽을 수 있다.

"우리 아버지는 어디 있나요"

영화는 어린 수련이 학교를 마치고 집으로 돌아오는 장면으로부터 시작한다. 수련은 대학 진학을 앞둔 중학생이다. 그런 수련의 소원은 아파트에서 사는 것이다. 아파트에 살고 싶은 수련의 꿈이 시작된 것은 아홉 살 때부터였다.

"내가 아홉 살 때 누군가 내 소원이 무엇인가 물은 적이 있었다. 나는 아파트에서 살았으면 좋겠어요 하고 대답하였다. 내가 우린 왜 아파트로 이사가지 않나요 하고 물으면 아버지는 할머니가 땅 냄새를 좋아해서 그런다고 말해주곤 하였다. 대신 우리 집에는 아파트 아이들이 부러워하는 제비둥지가 있었는데 나에게 자랑거리란 이거 밖에 없었다. 이 집에서 내가 태어났고 연년생인 수옥이도 이 집에서 기저귀를 갈아댄 것도"
―〈한 녀학생의 일기〉 대사 중에서

수련의 집에는 할머니와 어머니, 그리고 동생인 수옥이 살고 있었다. 집안에서 유일한 남자인 아버지는 여자 넷을 내버려두고는 거의 집에 들어오지 않았다. 수련은 아버지를 많이 따랐지만 집과 자신에게 관심이 없는 그런 아버지가 싫었다. 학교에서 학부모 회의가 열렸지만 수련의 아버지는 한 번도 가지 않았다. 수련은 그런 아버지가 보고 싶기도 했지만 원망의 마음도 있었다. 새로 온 담임선생님이 "아버지가 뭐 하시느냐"고 묻자 "우리 아버지가 없어요"라고 말하기도 한다.

오늘도 집에는 아버지가 없었다. 아버지가 없는 집에서

옷을 다리다가 전선 과열로 콘센트에 불이 붙었다. 다행히 불이 번지지는 않았다. 수련은 아버지를 원망했다. 할머니가 아버지에게 콘센트를 고쳐놓으라고 했지만 아버지는 바쁘다고 그냥 가버렸기 때문이었다. 불은 꺼졌지만 수련은 아버지가 없는 자리가 서운했다. 수련은 갑자기 "아버지, 아버지 어디 있나요?" 하면서 아버지를 찾았다. 그리곤 덧없이 "우리 아버지 어디 있나요?" 하면서 아버지를 그리워하였다.

과학자 아버지, 아버지를 위해 헌신하는 어머니

수련의 아버지는 과학자였다. 연구 과제를 마치기 위해서 공장 실험실에서 생활하면서 집에도 들어오지 않았다.

어머니는 그런 아버지를 헌신적으로 뒷받침했다. 도서관에서 일하는 어머니는 아버지가 연구하는 관련 자료를 번역하여 아버지에게 보내주었다. 아버지는 언제나 어머니가 보낸 자료를 단숨에 읽어 버리고는 또 다시 새로운 자료를 부탁하였다.

어느 날이었다. 아버지가 온다는 연락이 왔다. 할머니를 비롯하여 온 가족들은 아버지를 기다렸다. 아버지를 위해서 맛있는 음식도 준비했다. 아버지가 오기를 기다리면서 감자엿을 만들었고 미숫가루도 만들었다. 그렇게 가족들이 아버지를 기다리는 데, 외삼촌이 찾아 왔다. 외삼촌은 아버지를 대신하여 수련과 수옥 자매를 돌보아 주곤 하였

아파트에 살고 싶어 하는 수련을 통해 북한에서도 아파트가 선망의 대상이 되었음을 알 수 있다. (사진은 미래과학자거리 아파트들)

다. 이 날도 조카들을 위해서 옷을 사가지고 왔다.

수련은 자상한 외삼촌을 많이 따랐다. 우리 아버지도 외삼촌처럼 관심을 가져 주었으면 얼마나 좋을까 생각하면서 아버지를 그리워하였다. 밤이 늦었지만 아버지는 오지 않았다. 아버지를 기다리던 식구들이 지쳐 잠이 들었다. 식구들이 잠든 깊은 밤이 되자 겨우 아버지가 나타났다. 아버지는 식구들이 잠든 것을 보고는 부엌으로 조용히 들어가 밥술을 떠서 저녁을 먹고는 방으로 들어갔다.

방에서는 어머니가 아버지를 기다리며 자료를 번역하다 잠이 들었다. 아내가 번역한 새로운 자료를 보았다. 그때 자명종이 울리고, 자명종 소리에 식구들이 깨어나고 아버지를 반갑게 맞이한다. 아버지를 만난 수련은 아버지에게 응석을 부리면서 '아버지가 박사가 되었으면 좋겠다'고 말한다. 얼마 전 친구가 말했던 것이 마음에 걸렸다.

수련처럼 과학자 아버지를 둔 친구가 있었다. 하지만 수련이의 아버지와는 달랐다. 박사학위증도 있었고 가정에도 충실하였다. 친구는 은근히 아버지 자랑을 하면서, "듣자 하니 너희 아버지는 괜한 고생을 한다더라. 뭐 연구종자도 신통치 않고 성공해야 국가에 크게 소득도 없데" 하면서 수련이의 자존심을 상하게 했었다. 친구를 생각하면서, 수련이는 아버지가 "박사학위도 받고 친구 아버지처럼 다른 사람의 존경을 받았으면 좋겠다"고 말했던 것이다. 그런 수련에게 아버지는 "과학은 박사를 받으려고 하는 것이 아니다"고 말하면서, "수련도 과학을 잘 알아야 한다"고 말한다.

수련이 아버지가 박사가 되었으면 좋겠다고 생각한 것은 친구 때문이었다. 친구 집에 놀러갔던 수련이 친구 아버지가 딴 박사학위증과 각종 메달을 보았다. 수련은 아버지도 친구 아버지처럼 남들이 부러워하는 그런 과학자가

과학기술은 강성대국건설의 힘있는 추동력입니다. 높은 과학기술이 없이는 강성대국을 건설할수 없습니다. 김정일

되기를 바랐던 것이다. 수련은 '아버지가 굼벵이 같다'고 생각했다. 답답하기는 엄마도 아빠 못지않았다. 집안도 내팽개치고 과학연구만 하는 아버지를 한번도 원망하지 않았다. 오로지 아버지의 연구가 성공하기를 기원했고, 아버지를 위해서 헌신적으로 도와주었다.

수련이네 학교에서 야유회를 가게 되었다. 야유회가 열리는 날 수련은 어머니가 싸준 도시락을 보면서 실망하였다. 엄마가 수련이 야유회 간다는 것도 잊고 보통 도시락을 싸주었기 때문이었다. 수련이 엄마에게 야유회를 간다고 분명히 말했지만 엄마는 아빠의 연구자료를 번역하느라 수련이 야유회가 있다는 것을 잊어버린 것이었다. 수련은 바보 같이 과학만 알고 사는 아버지를 묵묵히 뒷바라지 하는 엄마가 답답했다.

"아버지, 어쩌면 그럴 수 있나요"

다음 해가 되었다. 수련이에게 기쁜 소식이 들렸다. 아파트로 이사 간다는 소식이었다. 꿈에 그리던 아파트를 배정받았다. 신이 난 수련이가 친구에게 자랑하였다. 하지만 이게 어찌된 일인지 수련이네가 배정 받은 집에는 친구가 이삿짐을 내리고 있었다.

아버지는 자신에게 배정받은 아파트를 자기보다 더 필요하다고 생각하고는 다른 사람에게 먼저 배정권을 주었다는 것을 알게 되었다. 수련은 기가 막혔다. 세상에 이런 아버지가 또 있을까. 수련은 '아버지가 진짜 자기의 아버지인가'의심이 들었다.

아버지에 대한 갈등이 커져만 가던 어느 날 학교에서 친구와 말다툼을 벌인다. 수련은 학교생활에서 우수한 성적으로 유지하고 있었다. 대학 진학을 앞두고 어디로 진학할지를 두고 이야기를 나누고 있을 때였다. 과학자를 아버지로 둔 친구가 수련에게 핀잔을 주었다. "수련이는 아버지가 못 다한 일을 해야 하지 않느냐"는 말로 시비를 걸었다. '수련의 아버지는 과학자라고 하는데, 아직 이렇다 할 성과를 내지 못하였으니 수련이 아버지가 못한 성과를 내

야 하지 않겠느냐'는 빈정거림이었다.

수련은 화가 났다. 자기가 아버지를 싫어하는 것은 몰라도 친구까지 아버지를 빈정거리는 것이 싫었다. 수련은 '누가 옳은지' 달리기로 가리기로 한다. 아버지를 놀리는 것이 싫어서 달리기를 하자고 하였지만 수련은 '왜 자기가 아버지 때문에 이런 고생을 해야 하는지'를 생각하니 눈물이 났다. 아버지도 싫었지만 그런 아버지를 뒷바라지만 하는 엄마도 싫었다.

"아버지 같은 과학자는 싫어요"

묵묵히 아버지를 뒷바라지하던 수련의 엄마가 암이 걸렸다. 생명을 앞두고 큰 수술을 하게 되었지만 아버지는 엄마의 수술이 있는지도 몰랐다. 수련의 어머니는 아버지 편이었다. "과학자가 가정일에 얽매이면 일을 하지 못한다"고 오히려 아버지를 걱정하였다. 하지만 수련은 아버지가 싫었다. 아버지를 원망하면서 아버지가 일하는 공장을 찾아갔다.

수련은 공장에서 아버지를 만났다. 아버지는 공장 기술자들의 심부름을 하는 모습을 보면서 크게 실망하였다. 수련은 아버지에게 '엄마가 암에 걸려 수술을 받았다'는 것을 알렸다. 그러나 아버지는 '당장에 갈 수 없겠다'면서 대신 전해 달라며 편지를 쓰기 시작했다. 당장에 엄마에게 달려갈 것으로 생각했던 수련은 아버지의 태도에 실망하고는 돌아선다. 진학을 앞둔 수련에게 엄마는 '리과대학' 진학을 권한다. 그런 엄마에게 수련은 "엄마는 행복하느냐"고 하면서 "엄마나 아빠처럼 살기 싫다"고 말한다.

엄마는 수술을 하고, 치료를 받으러 떠났다. 엄마가 없는 집안을 돌보던 수련은 엄마에게 보낸 아버지의 편지를

과학기술을 강조한 아리랑 배경대미술

보았다. 편지에는 "조국이 어려움을 겪고 있는 조건에서 조금이라도 보탬이 되고, 나라가 허리를 펴는데 도움이 되는 그런 연구를 하는 것이 과학자들에게 주어진 선차적인 조건이 아니겠소" 하면서 과학자로서 의미 있는 삶을 살고 있는 보람이 적혀 있었다.

한편 병원에 입원한 엄마는 자신의 병세를 돌보지 않고, 아버지를 위한 자료를 번역을 하다가 간호사에게 발각된다. 간호사는 무리를 하지 말라며 엄마의 번역 자료를 치웠다. 한편 수련은 큰 수술을 앞둔 엄마를 돌보지 않은 아버지에게 실망하고, 아버지와 같은 과학자는 되지 않겠다고 다짐한다. 그리고 대학도 아버지나 어머니가 원하는 이과대학으로 가지 않겠다고 결심한다.

아버지의 깊은 뜻

수련은 '리과대학에서 진학하지 않겠다는 확답을 받아야 한다'면서 수옥과 함께 아버지를 찾아간다. 수련은 수옥에게 미리 단단히 알려 두었다. 아버지가 '쇳덩이나 들고 다니면서 처녀공원에게 책이나 잡히는 모습을 보게 될 것이니 실망하지 말라'고 다짐을 받았다. 하지만 수련과 수옥이 찾아간 공장 실험실에서는 아버지는 연구사들과 함께 최신 컴퓨터를 이용한 연구를 하고 있었다.

최신 컴퓨터를 이용한 아버지의 연구는 마침내 성공하였다. 연구팀은 공장 직원팀과 축구시합도 벌어지는데,

2016년에 개관한 과학기술의 전당

축구시합에서 아버지는 맹활약 끝에 골을 넣고 이긴다. 이런 아버지를 본 수련은 아버지를 쳐다 볼 면목이 없었다. 아버지에게 '미안하다'는 편지를 남기고 돌아온다. 그리고는 다시 생각에 잠긴다. 마침내 수련은 아버지와 엄마의 바람대로 과학자가 되기로 결심하고 이과대학에 입학한다.

수련이 이과대학에 입학하는 날에도 엄마와 아버지는 오지 않았다. 아버지의 연구가 막바지에 이르렀고, 그렇게 컴퓨터 수치제어 기술을 시험하는 날이었다. 시험은 성공하였다. 아버지 대신 지배인아저씨가 아버지가 보낸 녹음기를 전해 주었다. 녹음기에는 아버지도 어머니도 없이 입학식을 한 수련이를 위해서 아버지가 부르는 축하의 노래와 격려의 말이 녹음되어 있었다. 이과대학에 입학하는 딸에게 보낸 아버지의 격려는 장군님을 충심으로 받드는 사람이 되자는 것이었다.

'눈 덮힌 령길에 자욱을 새기며 전선길 가시는 아버지 안녕 바라네'.

"수련아 너도 알겠지. 우리 장군님께서도 가정을 가진 인간이시다. 그런데 일 년 삼백 예순 다섯 날 늘 집을 떠나 풍찬노숙 하시는 구나. 난 내가 본 너네 길이 한 발자국도 헛됨

없이 조국과 인민을 위해 걸으시는 그 헌신의 길과 이어질
수만 있다면 내 한생에 더 이상 바랄 것이 없다."

수련의 아버지가 그토록 심혈을 기울인 실험이 성공으
로 끝나고 김정일이 아버지 공장을 방문하였다는 소식이
신문에 실린다. 기쁜 소식은 그것뿐이 아니었다. 집으로
돌아온 수련은 다시 한 번 놀랐다. 할머니가 새로 지은
멋있는 새 아파트로 이사하였다는 것이다. 아버지도 없
고, 엄마도 없는 사이에 이사는 어떻게 하였을까? 과학원
의 간부들이 아버지와 엄마가 없는 사이에 살림을 아파
트로 옮겨 놓았다는 사실도 알게 되었다. 수련은 아버지
가 하는 일이 진정으로 과학자의 길이라는 것을 이해하
게 되었다. 당에서도 그런 아버지를 위하여 배려하고 있

영화 〈한 녀학생의 일기〉 실제 모델 김사명

다는 것을 알게 되었고, 아버지의 길을 따라갈 것을 다짐한다.

사실의 재현, 재현된 사실

영화 〈한 녀학생의 일기〉는 실화를 바탕으로 하였다. 영화의 실제 모델이 된 인물은 과학원 조종기계연구실 실장 김사명이다. 조종기계연구실 실장을 모델로 한 것은 북한 과학기술에서 강조하는 컴퓨터 수치제어(CNC)를 강조하기 위한 설정이다. 생산현장과 과학 기술의 결합을 통한 경제 발전을 강조하면서 김사명이 새로운 시대의 영웅으로 부각된 것이다.

영화에서는 사실을 강조하기 위해 "위대한 령도자 김정

일동지께서 구성공작기계공장과 태천발전소를 현지지도 하시였다"는 신문 기사를 그대로 스틸 컷으로 보여준다. 2000년 이후 북한 영화에서 현실임을 보여주기 위해 자주 활용하는 방식이다. 영화가 북한에서 어떤 의미를 갖는지를 가장 분명하게 보여주는 장면이다. 영화가 예술이 아닌 사실이며, 주인공을 따라 배워야 하는 교과서임을 분명하게 보여준다. 영화의 모델이었던 김사명은 2008년 전국으로 중계된 신년경축방송에 소개되기도 하였다. 당시 김사명은 영화에서 김사명역을 맡았던 인민배우 김철과 수련역을 맡았던 박미향과 함께 출연하여 인터뷰를 하였다.

인민반의 살림꾼 여성 인민반장
: 〈우리 인민반장〉

"우리는 당의 방침대로 모든 근로자들을 혁명화하고 매 가정을 혁명화하며 나아가서 인민반과 작업반을 혁명화하는 방법으로 온 사회를 혁명화, 로동계급화하여야 합니다."

> ―김일성, 「교육과 문학예술은 사람들의 혁명적세계관을 세우는데 이바지하여야 한다: 과학교육및문학예술부문일군협의회에서 한 연설 1970년 2월 17일」, 『김일성저작집 25』(조선로동당출판사, 1983).

인민반의 살림꾼 인민반장

영화 〈우리 인민반장〉은 1986년 조선예술영화촬영소 대홍단창작단에서 제작한 영화로 인민반 사업에 혼신을 다하는 모범적인 인민반장 순영의 이야기이다. 인민반 주민들의 갈등 때문에 힘들어 하기도 하지만 인민반원들의 마음속으로 들어가 마침내 하나로 묶어 낸다는 줄거리다.

인민반은 북한의 행정 구역에서 가장 작은 조직이다. 생활단위의 기초조직으로서 인민반은 20~40가구로 이루어진다. 생활을 기반으로 하는 기초단위 조직이기에 정확한 가구 숫자보다는 공통의 생활을 중심으로 이루어진다. 아파트의 경우 70세대가 살아도 1개 인민반으로 편성되기도 한다. 인민반원 중에서 직장에 나가지 않은 당원이 있으면 이들이 세포를 만들어 당 조직 생활을 한다. 인민반 세포를 구성하는 당원들은 많지 않지만 정년퇴직하고 연로보장을 신청한 나이든 당원이 맡거나 가두여성(전업주부) 가운데서 여성당원이 세포를 만들어 당조직 생활을 한다. 세포는 가장 기초적인 당조직으로서 노동당원 30~50명을 단위로 구성하고 세포비서의 지도 아래 철저한 조직 생활로 일관한다.

인민반에서 생긴 일

순영이 살고 있는 아파트에서도 인민반원들이 제 각각
의 사연을 안고 살아가고 있었다. 아파트에서 공동생활을
하다보면 여러 가지 할 일이 많다. 남한에서야 관리하는
사람이 따로 있지만 북한에서는 관리하는 사람이 따로 없
으니 모든 일을 공동으로 해야 했다.

새봄을 맞이하여 아파트를 가꾸는 사업이 시작되었다.
인민반장 순영은 아파트를 회칠할 재료들을 수레에 싣고
왔다. 순영이 반장으로 있는 같은 반에 순옥이라는 동창도
살고 있었다. 그런데 순옥은 같은 아파트에 살고 있는 이
순 어머니와 사이가 좋지 않았다. 두 사람의 신경전은 아
파트 회칠을 하는 작업에서도 나타났다. 아파트 회칠하는
작업에는 반원들이 모두 나와서 작업을 하였는데, 순옥이

는 바쁘다고 나오지 않았다.

순영은 순옥이네 벽까지 회칠을 하자고 하였지만 이순 어머니는 '바쁘지 않은 사람이 어디 있느냐'면서 거절하였다. 순영이 남아서 철이네 벽에 회칠을 하고 있을 때였다. 어디서 '쨍그랑'하는 소리가 들렸다. 아이들이 공을 차다 아파트의 유리창을 깬 것이다. 순영은 아이들을 나무라지 않았다. 아이들이 쉴 곳이 없어 아파트 앞에서 공을 찬다는 것을 알기 때문이었다. 순영은 아이들을 위한 놀이터를 만들어 줄 계획을 세웠다.

인민반원들의 보이지 않은 갈등

일요일이 되었다. 순영은 일요일 아침 인민반 모임을 갖고 수매사업을 잘한 사람에게 상품을 나누어 주었다. 순영이 나누어주는 상품 중에서는 전기밥솥도 있었다. 반원들은 모두 전기밥솥을 탐냈다. 순영은 전기밥솥을 이순 어머니에게 주었다. 무엇보다 이순 어머니에게는 출가할 딸이 있었기 때문이었다. 그런데 반원들은 이순 어머니를 그렇게 좋게 평가하지 않았다. 이순 어머니는 동네에서도 잔소리기 많기로 유명했기 때문이었다.

이순 어머니는 바른 소리를 잘 하였는데, 그것이 반원들에게는 오히려 귀에 거슬리는 일이 많았다. 그런 이순 어머니가 밥솥을 갖게 되자 반원들은 '고약한 할머니가 가져갔다'며 수근거렸다. 상품을 나누어 준 다음에 순영은 놀이터를 만들자는 이야기를 꺼냈다. 반원들도 순영의 말에 동의하였다.

그렇게 해서 반에서는 놀이터 만드는 일이 본격적으로 시작되었다. 반원들은 너나할 것 없이 나와서 열심히 일하였지만 순영의 동창 순옥은 바쁘다는 핑계를 대면서 자주 빠졌다. 반원들도 순옥을 곱게 보지 않았다. 특히 이순 어머니와 사이가 좋지 않았다.

그러던 어느 날 순옥과 이순 어머니가 언쟁이 붙었다. 평소 두 사람 사이가 좋지 않았다. 이순 어머니가 순옥이 공동 사업에 잘 나오지 않는다고 한마디 한 것이 화근이

었다. 이후 두 사람의 관계가 멀어졌다. 그러던 중에 딸 이순과 철삼의 혼사문제가 오고 가는 과정에서 순옥이 먼 친척뻘 되는 철삼의 어머니에게 '성격이 괴팍하다'며 '그 어머니에 그 딸'이라고 말하여 혼사가 깨지게 되었던 것 이다.

잘못은 순옥이 했지만 반원들은 평소에 잔소리를 많이 하는 이순 어머니가 성질이 괴팍하다고 수근거렸다. 그리 고는 지난번에 상품을 나누어 줄 때 밥솥을 가져간 것에 대해서 한 마디씩 했다. 반장이 '미운 놈 떡 하나 더 준다' 는 심정으로 이순 어머니에게 주었다고 수근 거렸다. 동네 사람들의 수근거림을 들은 이순 어머니는 받았던 밥솥을 반장인 순영에게 돌려주었다.

반원들의 마음을 파고드는 인민반장

순영은 난감했다. 반장을 포기하려고도 생각했다. 남편에게 고민을 털어 놓았다. 순영의 남편은 힘을 내라고 격려하였다. 사람들의 마음속에 들어가 잘 다스려보라고 하는 격려의 말을 듣고 다시 마음을 가다듬고 인민반을 이끌어 가기로 하였다.

순영은 먼저 이순의 약혼자인 철삼을 찾아갔다. 그리고는 철삼을 설득하였다. 순영은 철삼이 여전히 이순을 사랑하고 있다는 것을 알았다. 철삼은 자기는 문제없지만 어머니를 설득할 자신이 없다고 털어 놓았다. 순영은 철삼 어머니에게 이순의 어머니가 그렇지 않다고 설득하였다.

한편 이순 어머니는 그런 반장이 고마웠다. 순영이 자기 딸 이순을 위해 철삼을 만나러 갔다는 말을 듣고는 순

영을 찾아갔다. 그리고는 자기 때문에 괜한 일을 한다면서 미안하다고 사과하였다. 순영의 노력으로 이순과 철삼의 혼사 문제는 잘 마무리되었다.

순이의 혼사 건이 마무리되자 순영과 반원들은 놀이터를 새로 꾸미는 일에 집중하였다. 반원들이 대부분 참석하였지만 순옥은 반에서 제기한 문제에는 관심이 없었다. 반 일에는 관심이 없었지만 순옥은 마을 돌아가는 사정을 훤하게 알고 있었다.

순옥의 정보원은 돌이 엄마였다. 돌이 엄마가 반에서 일어나는 일을 알려주었다. 순옥이 순이 어머니와 다투게 된 것도 돌이 엄마가 순이 어머니가 순옥을 비판한다고 일렀기 때문이었다. 돌이 엄마는 반장이 자기 때문에 '인민반이 단결이 안 된다'고 했다는 말을 듣고는 순영을 찾아가 이사하겠다고 말하였다.

순영은 돌이엄마를 설득하는 과정에서 돌이엄마가 순옥을 가까이하는 이유를 알게 되었다. 돌이엄마는 손재주가 좋았는데, 순옥의 집에 재봉틀이 있어서 재봉틀로 여러 가지 일용품을 만들어 돈벌이를 하고 있었다. 순영은 우리 반에도 집안에서 가내공장을 꾸리자고 하면서, 자신의 재봉틀을 돌이엄마에게 주고는 가내공장 책임을 맡겼다. 가내공장이 잘 돌아가면서 돌이엄마를 대하는 반원들의 태도도 달라졌다.

화합으로 다시 태어나는 인민반

한편 인민반 활동 실적 평가에서 꼴등을 한 순옥은 술과 담배를 들고 순영을 찾아갔다. 순옥은 동창생으로 눈감아 달라고 부탁하였다. 순영은 술과 담배를 받지 않고, 인민반 생활을 충실히 하라고 충고하였다. 그러자 순옥이 한 마디 하였다. '순영이 네가 놀이터를 만드는 것이며, 재봉틀을 내놓은 것이 다 표창받자고 하는 일이 아니냐'면서 핀잔을 주었다.

인민반원 사람들은 순옥이 인민반 활동에 자주 빠지는 것을 달가워하지 않았다. 인민반에서는 놀이터 만드는 사업을 보다 일요일 총동원으로 끝내기로 하였다. 이번에도 순옥은 빠질 생각이었다. 순옥은 일요일에 유원지로 놀러 가기로 친구들과 약속을 하였다. 일요일에 되어 동네사람들은 놀이터 완성에 나서고 있는데, 순옥은 시어머니 병문안 간다는 핑계를 대고 빠졌다. 그리고는 친구와 함께 유원지로 놀러 나갔다.

인민반에서 놀이터를 만드는 사업이 마무리 되어갈 때였다. 놀이터에 심을 나무가 부족했다. 그러자 반원 중에 한 사람이 나섰다. 유원지에 자신이 키운 나무가 있으니 그 나무를 심자고 하였다. 그리하여 인민반원들은 나무를 가지러 유원지에 왔고, 거기서 놀고 있는 순옥이 내외를 보았다. 이 일이 있은 이후 인민반에서는 순옥네 문제가 본격적으로 제기되었다. 순옥네 부부는 인민반원들 앞에서 그 동안 인민반 생활에 관심이 없고 활동하지 않았다

는 것을 반성하면서, 앞으로는 열심히 인민반 생활을 할 것을 다짐하였다.

혁명의 기층 조직 인민반

북한에서 조직은 공동체 생활, 그 이상을 의미한다. 어떤 사람이든 조직에 속하지 않으면 생활을 할 수가 없다. 생활에 필요한 물자도 조직을 통해 이루어지고, 교양사업도 조직을 통해 이루어진다. 북한에서 조직생활은 출생부터 죽을 때까지 떠날 수 없다.

인민반은 조직 중에서 가장 기초가 되는 조직이다. 인민반은 행정 구역상 가장 기초가 되는 단위이기도 한다. 인민반은 대외적인 활동이 없는 사람들을 중심으로 구성된 기초 조직이다. 인민반 위의 행정 단위는 동(리)이다. 인민반은 동(리)사무소의 지시를 받아 활동한다. 인민반 활동은 학습회나 강연회를 조직하고 각종 동원활동이나 상부의 지시에 따라 제기된 사회생활을 지도하기도 한다. 혁명화 과정에서 인민반 활동의 중요성은 일찍부터 강조되었다.

"당의 방침은 출신성분이 좋은 사람들뿐 아니라 출신성분이 복잡한 사람들을 포함하여 사회의 모든 성원들을 다 혁명화, 로동계급화하는 것입니다. 출신성분이 좋은 사람들만 혁명화할 수 있는 것은 결코 아닙니다. 출신성분이 복잡한 사람도 얼마든지 혁명화할 수 있으며 공산주의자로 될 수 있습니다. 문제는 출신성분에 달려있는 것이 아니라 자신에게 남아있는 낡은 사상을 뿌리빼며 공산주의사상으로 무장하기 위하여 어떻게 노력하는가 하는데 달려있습니다. 우리는 당의 방침대로 모든 근로자들을 혁명화하고 매 가정을 혁명화하며 나아가서 인민반과 작업반을 혁명화하는 방법으로 온 사회를 혁명화, 로동계급화하여야 합니다."

—김일성, 「교육과 문학예술은 사람들의 혁명적세계관을 세우는데 이바지하여야 한다: 과학교육및문학예술부문일군협의회에서 한 연설 1970년 2월 17일」, 『김일성저작집25』, 조선로동당출판사, 1983), 21쪽.

생활조직으로서 인민반 구성원 모두가 인민반 생활을 하는 것은 아니다. 학생들은 학교조직에서 생활하고, 당원이나 직장이 있는 경우에는 당이나 직장에서 구성원으로 활동한다.

인민반의 주요 구성원들은 은퇴한 노인이나 가두여성(전업주부)들이다. 인민반 반장은 소속 주민들의 추천형식을 거쳐 시·군(구역) 인민위원회에서 지명하는데, 직장에 나가지 않는 여성당원이나 간부 부인들이 맡는 경우가 대부분이다.

인민반 활동을 잘 하지 않은 경우에는 불이익이 있다. 인민반 활동에 대한 평가는 여행증명서를 발급받을 때나 식량 배급시에 반영되기 때문에 인민반 활동은 충실히 따르는 편이다. 하지만 모두 그런 것은 아니다. 〈우리 인민반장〉에서 친구에게 술과 선물로 편의를 보아달라고 부탁하듯이 경제적으로 여유가 있는 사람들이 인민반 활동 대신 돈으로 대신하는 경우도 많이 생겼다고 한다.

사랑과 헌신으로 기적을 이룬 여의사
: 〈사랑의 대지〉

"일본에서 귀국한 사람들이 혁명화되는 과정을 그린 영화를
만드는 것이 또한 중요합니다. … 재일동포들의 귀국이 실현
된지 이제는 10년이 되여오지만 영화예술부문에서는 아직
그들에 대한 영화 하나 만들지 않고 있습니다. 이런 것을 보
면 동무들의 사업에 빈틈이 많다는 것을 알 수 있습니다."

—김일성, 「혁명적영화창작에서 나서는 몇가지 문제에 대하여, 영
화부문일군들앞에서 한 연설 1968년 11월 1일」, 『김일성저작
집 23』(조선로동당출판사, 1983), 163쪽.

사회주의 대가정이란

〈사랑의 대지〉는 병원 의사며 연구사인 김귀녀를 주인공으로 사회주의 대가정 속에 사는 인민들이 말하는 '진정한 사랑이란 무엇인가'를 주제로 한 영화이다. 귀녀는 일본에서 태어나 허리를 다쳐 휠체어에 의지해야 하는 한정옥을 만나 모든 것을 다 바쳐 치료하여 고치게 한다.

한정옥이 허리를 다치게 된 것은 일본 깡패 때문이었다. 정옥이 살고 있는 동네에 조선학교가 세워졌고, 한복을 입고 조선학교에 다녔다. 그러던 어느 날 일본 불량배들에게 잡혀 폭행을 당하고, 허리를 다쳤고, 휠체어에 의지해 생활해야 하는 상황이었다.

그런 정옥을 위해 귀녀는 정옥을 데려와 정성으로 돌본다. 귀녀는 정옥을 돌보기 위해 사랑하는 남자 웅철과 헤어지고는 결혼도 하지 않고 정옥을 지극 정성으로 돌본다. 그런 귀녀에게 당 비서는 '이제 그만 두라'고 하지만 귀녀는 '고아였던 자신을 키워준 것이 바로 조국이었다'면서 끝까지 정옥을 돌본다. 이런 귀녀를 통해 '진정한 사랑은 개인 간의 사랑이 아니라 사회주의 대가정 속에 하나의 가족이 되는 사랑'이라는 것을 보여준다.

불행을 안고 귀국선을 탄 정옥

민들레 핀 벌판에 두 소녀가 뛰어 다니는 장면으로부터 시작한다. 불행의 운명을 타고난 여인 한정옥. 그녀는 태어나 허리를 다쳐 일어나지도 못하고 생활하다가 귀국선을 탄 여인이었다. 영화는 한정옥이라는 여인의 회고로부터 시작한다.

한정옥은 병원에서 휠체어의 의지하고 있었다. 귀녀는 정옥을 위하여 빨래를 빨아주었지만 정옥은 외면한다. 사람들은 정옥이 귀국한 지 오래지 않고, 오랫동안 병을 앓아서 성격이 까칠해졌다고 수군거린다. 귀녀는 정옥을 위해 정성을 다하지만 정옥은 쉽게 마음을 열지 않는다. 의사들도 정옥에게 '고칠 수 있다'는 마음을 단단히 가지라고 말한다. 예전에도 한 처녀가 있었는데, 큰 병을 앓고

있으면서도 오히려 "우리 나라에서 낳지 못하는 병이 어디 있느냐"면서 치료를 받았고, 마침내 몸을 고치고 직장으로 나갔다고 말한다. 병원에 있는 사람들은 정옥을 도와주려고 하였지만 정옥은 쉽게 곁을 주지 않았다.

일본에 있을 때의 아픈 기억으로 정옥은 밤마다 악몽에 시달렸다. 귀녀는 목욕도 하면서 마음을 나누었다. 정옥도 마침내 귀녀의 정성에 마음을 열면서 조금씩 이야기를 풀어나간다. 정옥은 너무 많은 분들에게 신세를 지는 것이 부담스러웠고, 자신이 어떤 도움도 주지 못하는 존재라는 것을 생각하면서 차라리 곁을 주지 않기로 마음먹었다는 것을 털어 놓았다.

정옥과 같이 있던 귀녀가 완쾌되어 퇴원하였다. 귀녀는 정옥을 위해 면회를 왔다. 면회 온 귀녀와 함께 밥을 먹던 정옥은 병원 마당에서 뛰어노는 두 소녀를 보면서 지난

일을 생각했다. 정옥이 사는 일본 동네에 조선학교가 세워
지고 정옥은 한복을 입고 학교에 다녔다. 그러던 어느 날
일본 불량배에게 잡혀 치마가 찢기고 불량배들의 몽둥이
와 구둣발에 짓밟혀 허리를 다치게 되었다. 가뜩이나 어려
운 생활 속에서 생계를 이어가던 정옥은 엄마마저 죽고
혼자 몸으로 살다가 귀국선을 타게 되었던 것이다.

정옥의 사연을 알게 된 귀녀는 병원 비서에게 정옥을
데려가겠다고 부탁한다. 병원에서는 정옥이 '우리 병원의
환자이며, 우리가 책임져야 한다'고 하였다. 병원에서는
'우리가 어떻게 하든 정옥을 일으켜 세우겠다'면서 귀녀를
돌려보냈다. 당 비서의 방을 나온 귀녀는 떨어지지 않은
발걸음을 놓지 못하다가 정옥을 찾아갔다. 그리고는 '같이
살자'면서 기어이 정옥을 데려 왔다.

정옥을 데리고 집으로 온 귀녀는 여러 해 동안 정성으

로 치료하면서 친자매처럼 지냈다. 그러던 어느 날 옛이
야기를 해달라고 조르는 정옥에게 귀녀는 한 소녀의 이
야기를 들려주었다. 해방 직후 한 마을에 꽃님이라는 소
녀가 살고 있었다. 아버지는 혁신자였고, 어머니는 선반
공이었다. 전쟁 중에 가족이 모두 죽고 소녀가 혼자 부모
를 찾았다는 이야기를 하고 있을 때였다. 정옥이 '뜨겁다'
고 하였다. 죽었던 정옥의 신경이 살아난 것이었다. 정옥
의 노력이 효과를 본 것이었다.

사랑은 기적을 낳고

그렇게 정성껏 정옥을 돌보는 귀녀에게 고민이 생겼다.
귀녀의 애인인 웅철이 전방으로 배치된 것이다. 주변 사람
들은 귀녀에게 웅철이 서른이 넘도록 귀녀를 기다리느라
장가도 안 가고 있었는데, 따라가야 하지 않겠느냐고 말한
다. 하지만 귀녀는 정옥을 돌보기로 결심한다. 웅철은 귀
녀의 결심을 존중해주면서 '정옥을 꼭 일으켜 세워야 한
다'는 말을 남기고 떠난다.

귀녀의 정성어린 간호로 정옥의 신경이 조금씩 살아나
기 시작했다. 한편 정옥은 귀녀에게 지난번에 들려주었던

이야기를 계속해 달라고 졸랐다. 귀녀는 이야기를 이어나
간다. 전쟁 중에 고아가 된 꽃님이를 부상당한 군관아저씨
가 데려갔고, 그 아저씨의 병상에서 함께 생활하게 되었
다. 그러던 어느 날 군관은 전쟁에 나가게 되었고, 꽃님이
는 육아원에 맡겨졌다.

군관은 꽃님이에게 '전쟁이 끝나면 반드시 돌아와 아버
지가 되어 주겠다'고 약속을 하였다. 하지만 군관은 끝내
돌아오지 못하였다. 그 후로 군인들만 보면 그 아저씨 생
각이 난다면서 울먹였다. 꽃님은 바로 귀녀 자신이었던 것
이다. 그렇게 속마음을 털어 놓으면서 두 사람은 자매 이
상으로 가까워졌다.

그러던 어느 날이었다. 귀녀가 강철공장에 지원 나간
사이 정옥이 병원으로 실려 갔다. 급성위장출혈이었다. 정
옥이 쓰려졌다는 소식을 듣고 병원과 공장에서 사람들이

달려왔다. 정옥을 알지 못하지만 피 묻은 저고리의 사연을 아는 사람들은 자신의 피를 뽑아달라며 자원하였다. 수술을 마치고 기운을 되찾은 정옥에게 모두들 꽃을 바치며 축하해 주었다.

정옥이 퇴원하자 귀녀는 정옥을 돌보기 위해 애인인 웅철에게 자신을 잊어달라는 편지까지 보낸다. 지극정성으로 정옥을 돌보기를 몇 해. 해와 달이 바뀌어도 귀녀와 사람들의 정성은 변하지 않았다.

귀녀의 헌신, 정옥을 일으키다

어느 날이었다. 웅철이 어렵게 구한 귀한 약재를 보내왔다. 웅철이 보낸 약재를 보면서 기뻐하던 정옥은 귀녀와

웅철이 함께 찍은 사진이 없어진 것을 보고는 귀녀가 웅철과 헤어졌다는 것을 알게 되었다.

한편 병원에 근무하던 귀녀에게 웅철이 보낸 사람이 왔다. 그리고 귀녀가 웅철이를 만나러 웅철이 있는 곳으로 갔다. 그 사이에 귀녀의 이모가 정옥을 찾아왔다. 귀녀의 이모는 정옥에게 자기와 함께 살자고 말한다. 귀녀의 이모는 정옥에게 자신은 귀녀의 친이모가 아니었다. 전쟁고아였던 귀녀에게 자신이 이모라고 속이고는 데리고 살았다는 사실을 말하면서 귀녀가 웅철에게 갈 수 있도록 하자고 말한다. 정옥이 귀녀의 이모를 따라 나섰다.

병원장은 웅철이 보낸 약재상자를 보면서 당 비서에게 '이제 자신들이 정옥을 돌 볼 테니, 귀녀를 웅철에게 돌려보내자'고 하였다. 하지만 그럴 수는 없었다. 웅철은 이 세상 사람이 아니었다. 당 비서는 웅철이 군부대에 배치 받아 잠복근무하던 중 전사하였다고 알려주었다. 귀녀는 웅철에게 간 것이 아니라 웅철의 장례식에 참가한 것이었다.

웅철의 장례에 참석하였다가 집으로 돌아온 귀녀가 정옥을 찾았다. 정옥은 귀녀의 이모집에 있었다. 귀녀는 정옥에게 자기 집으로 가자고 하였지만 정옥은 따라 나서지 않았다. 웅철의 죽음을 알지 못하는 정옥은 귀녀가 웅철과 결혼하는 데 자신이 방해가 될 것이고 생각했다.

　귀녀는 당 비서를 찾아가 정옥의 문제를 털어 놓았다. '고아였던 자신을 키워주고 배워 준 것이 바로 당의 품이 아니었느냐'면서 '정옥을 떼어놓을 수 없다'고 말한다. 당 비서를 통해 웅철의 죽음을 알게 된 정옥은 진정한 '사랑이란 개인적인 사랑이 아니라 사회주의 가정 속에서 하나가 되는 사랑'이라는 사실을 깨닫고 귀녀의 집을 찾아왔다. 귀녀는 정옥에게 줄 새로운 치마저고리를 만들고 있었다.

기적을 일으키는 최고지도자의 사진

　정옥은 귀녀에게 깊은 감명을 받았다. 병원장과 비서, 이모, 귀녀 앞에선 정옥은 마음을 털어 놓았다. 미국놈 폭

격을 받은 어느 마을에 한 처녀애가 살고 있었답니다. 좋은 땅에 뿌려진 씨앗처럼 육아원과 학교에서 잘 배우고 대학을 나와 의사선생님이 되었답니다. 안겨 사는 품이 얼마나 따뜻한지, 귀국한 불구처녀를 위하여 귀중한 자기의 모든 것을 아낌없이 다 바치었답니다'면서 귀녀의 사랑에 복받쳐 감격해 하였다.

사람들의 진심어린 치료와 정옥의 피나는 노력 끝에 마침내 정옥은 목발에 의지하였지만 걸을 수 있게 되었다. 기적은 여기서 그치지 않았다. 병원 복도에 걸려 있는 최고지도자의 사진을 본 정옥은 복받쳐 오르는 감정으로 목발을 버린다. 그리고는 두 발로 일어선다.

이 장면에서 궁극적으로 〈사랑의 대지〉를 만든 목적이 드러난다. 일본에서 온갖 핍박을 받고, 허리마저 다쳐 오갈 데 없었던 정옥이 귀국선을 타고 북한에 들어와 생면

부지의 귀녀를 만나 헌신적인 보살핌으로 건강을 회복하고 마침내 공화국의 은혜에 무한한 감동을 받아 최고지도자의 사진을 보면서 두 발로 설 수 있게 되었다는 것이다. 이러한 설정을 통해 천국으로서 북한의 이미지를 드러내고자 한 것이다. 〈사랑의 대지〉 마지막 장면에서는 목발 없이 설 수 있게 된 정옥이 치마저고리를 입고 소년단의 환영 꽃다발을 받는다. 이로써 사회주의 대가정의 구성원으로 인정받는 것이다.

장군님을 향해 하늘까지 달린
여성 마라토너

: 〈달려서 하늘까지〉

"조국의 명예는 두 다리가 아니라 심장으로, 육체가 아니라

정신으로 빛내야 한다."

　　　　　—예술영화 〈달려서 하늘까지〉 중에서

공화국 영웅, 정성옥

　예술영화 〈달려서 하늘까지〉는 2000년 조선예술영화촬영소에서 제작한 93분 길이의 예술영화로 여성 마라토너 정성옥을 소재로 한 실화영화이다.

　정성옥은 북한을 대표하는 마라톤선수이다. 1974년 8월

정성옥에게 보낸 김정일 축하문

18일 해주시 광석동에서 출생하여 압록강체육단에서 마라톤 선수로 활동한 체육인이다. 어려서부터 마라톤에서 재능을 보였고, 1992년 압록강체육선수단 마라톤선수로 활동하였다. 당시 평양 압록강체육단에서 정성옥 선수를 발굴한 사람은 신금단 감독이다.

신금단 감독은 바로 1964년 도쿄에서 아버지 신문준 씨와 눈물의 부녀 상봉으로 분단의 비극을 실감케 한 인물이다. 신금단 감독은 선수시절에 400m와 800m에서 세계신기록을 작성한 육상인이기도 하다. 그런 신금단 감독 밑에서 정성옥은 육상선수로서 재능을 꽃피우면서 세계적인 선수로 성장하였다. 특히 1998년 8월 스페인 세비야에서 열린 제7회 세계육상선수권 대회 여자마라톤에서 우승하면서, 세계적인 선수로 주목받았다. 당시만 해도 국제여자 육상계에서 정성옥의 이름은 거의 알려지지 않았다.

정성옥 선수는 1998년 우승하면서 일약 북한 최고의 스타로 떠올랐다. 북한에서는 엄청난 대접을 받았다. 북한 언론에서는 '세계가 놀란 사변'이라는 표현을 쓰면서 정성옥 선수의 우승을 대서특필했다. 뿐만 아니라 정성옥 선수가 귀국하는 날을 임시공휴일로 선포하였고, 100만 명이 넘는 인파들이 모여서 대대적인 귀국환영행사를 벌였다.

1999년 인민체육인, 노력영웅, 공화국영웅 칭호(이중노력영웅)를 수여받았다. 특히 '공화국영웅' 칭호는 체육계에서 정성옥이 처음이었다. 북한의 체육인 중에서 '인민체육인'이나 '노력영웅' 칭호를 받은 체육인은 있었지만 '공화국영웅' 칭호를 받은 사례는 없었다. 북한 체육인 중에서는 특별한 대접을 받았다. 보통강구역 서장동에 있는 아파트를 선물로 받았는데, 정성옥이 살면서 아파트 이름도 '정성옥 아파트'로 불리기 시작하였다. 2000년 1월 5일에

는 기념주화 〈마라톤우승자 정성옥〉도 발행하였다. 최고
인민회의 대의원에 선출되기도 하였다.

'고난의 행군' 극복의 상징, 정성옥

정성옥 선수를 특별하게 대접한 이유는 고난의 행군과
관련된다. 정성옥 선수가 제7회 세계육상선수권 대회 여
자마라톤에서 우승한 1998년은 북한에서 '고난의 행군'을
이기고 '승리한 해'라고 선전한다. 고난의 행군 극복이라
는 상징적인 의미가 있는 해이다.

북한 체제가 어려웠던 시기에 이러한 어려움을 이긴 상
징적인 인물이 필요하였다. 이런 점에서 무명의 선수에서
일약 세계적인 선수로서 위상을 떨친 정성옥에게 관심을
두었던 것이다. 그런 상황에서 세계마라톤대회 우승 소식
은 북한 당국이 기대하던 소식이었다. 영화 〈달려서 하늘
까지〉는 이런 시대적 배경을 바탕으로 장군님에 대한 충
정을 담고 있다.

정성옥의 좌절과 재기

영화 〈달려서 하늘까지〉에서는 현실에 안주하려는 자세를 돌파하는 정성옥을 주목한다. 영화는 세계 여자마라톤대회에서 우승하고 돌아오는 정성옥을 환영하는 장면부터 시작한다. 마라톤 여왕을 뜨겁게 맞이하는 환영의 인파 속에서 아시아남자마라톤 패권자인 김충일은 정성옥을 처음 만났던 때를 회고한다.

육상선수인 충일은 대동강변에서 훈련하다 경기용 초시계를 떨어뜨렸다. 그 초시계를 정성옥이 발견한다. 정성옥은 시계를 돌려주는 대신에 자신의 연습 대상이 되어줄 것을 요구한다. 이렇게 서로 알게 된 두 사람은 보다 높은 목표를 내걸고 훈련하면서 서로 격려한다. 하지만 애틀랜타에서 열린 대회에서 정성옥이 19위를 하면서 논쟁

이 벌어진다.

　기대했던 정성옥 선수가 19등을 하자 일부 체육인들이 나서서 여자 마라톤이 승산이 없으니 포기하자고 주장하였다. 총화에서 정성옥은 좋은 성적을 내지 못한 것을 감독의 책임으로 돌렸다. 정성옥의 주장에 충격을 받은 명국 감독은 불치병을 핑계로 마라톤에서 은퇴한다. 정성옥은 뒤늦게 마라톤 지도원 동지에게 사과를 하지만 상황은 심각해진 이후였다. 훈련국장도 마라톤 종목의 출전에 대해 회의적인 시각을 갖게 되었다.

　마라톤 선수로서 재능을 보이면서 일취월장하던 정성옥도 마라톤을 그만 두게 되었다. 정성옥은 크게 낙담하였고, 고향으로 돌아간다. 정성옥은 고향에서 재기를 다진다. '패배자'의 모습으로 고향에 돌아온 정성옥은 아버지로부터 뼈아픈 충고를 듣고, 시련 속에서도 장군님만 믿으

며 붉은기를 지켜 가는 고향사람들의 영웅적인 투쟁모습에서 나약했던 자신을 돌아보았다. 마을 사람들의 충성스러운 모습을 보면서 용기를 내어 보지만 자신감을 잃고 마라톤 선수로서 삶을 포기하려고 했던 정성옥은 쉽게 마음을 잡지 못한다.

정성옥의 아버지는 의기소침해 있는 정성옥에게 희망과 용기를 심어주려고 애썼다. 아버지의 용기와 격려는 정성옥이 다시 마라톤 훈련을 하는데 큰 힘이 되었다. 정성옥의 아버지는 마라톤 훈련을 도우면서, 입버릇처럼 세계적인 선수가 되어서 장군님의 사랑에 보답해야 한다는 것을 말했다.

정성옥이 마음을 바로 잡지 못하는 데에는 자신의 비판으로 마라톤 계를 떠나게 된 지도원에 대한 죄책감도 있었다. 그런 정성옥에게 희소식이 날아왔다. 체육계에서 정성옥에게 다시 운동할 수 있는 기회를 주려고 한다는 소식이었다. 다시 마라톤을 할 수 있게 될지도 모른다는 소식을 들으면서, 정성옥은 안일한 생각으로 저조한 마라톤 성적을 거두었던 과거를 반성하였다. 그리고는 조국 앞에 지은 죄를 땀으로 갚고자 다짐한다. 마침내 성옥에게 기쁜 소식이 들려온다.

다시 시작된 마라톤

장군님이 마라톤의 중요성을 지도하면서 훈련을 하는데 모든 조치와 해체된 선수들을 복귀시켜 본격적인 훈련을 받을 수 있도록 배려하였다는 소식이었다. '여자마라톤 해산 문제'를 올린 훈련국장의 편지를 받은 장군님이 "체육의 상징이며 조선 사람의 체질에 맞는 마라톤 종목을 적극 장려해야 한다"고 하며 흩어진 감독들과 선수들을 다 데려 오도록 조치를 취했다는 소식이 들려온 것이다. 장군님의 깊은 뜻에 감격한 성옥은 굳은 마음을 먹고 다시 훈련에 참가한다.

정성옥의 입장에서는 다시없는 기회가 온 것이다. '조국과 민족 그리고 장군님의 크나큰 은혜에 보답하겠다'고 다짐하면서, 정성옥은 밤낮 가리지 않고 뛰고 또 뛰었다.

오로지 세계 대회에서의 승리를 통해 조국에 보답하고자 노력한다. 우승으로 가는 길에 또 다른 복병이 있었다. 열심히 준비하고 훈련을 하면서 세비야 대회 참가를 준비하였던 정성옥에게 부상당했던 다리에 다시 문제가 생겼다. 좌절한 정성옥은 이동훈련에 참석하지 못한다. 다시 한번 위기가 찾아 온 것이다.

"조국의 명예는 두 다리가 아니라 심장으로 빛내야 한다"

정성옥의 스승인 명국은 정성옥의 마음을 다잡았다. 명국 감독은 정성옥에게 "조국의 명예는 두 다리가 아니라 심장으로, 육체가 아니라 정신으로 빛내야 한다"면서 호되게 꾸짖는다. 그런 명국 감독을 보면서 정성옥은 재활에

대한 의지를 불태우고, 다시 이동훈련장으로 떠난다. 훈련 장에서 훈련을 하면서도 정성옥은 장군님 소식을 들으면 서 나태했던 자신을 돌아보았다. 정성옥은 '장군님의 크나큰 사랑에 보답'하고자 초인적인 힘으로 훈련에 복귀해서 훈련에 전념한다.

마침내 세비아에서 열린 육상대회에 참석한 정성옥은 조국의 하늘을 바라보면서 승리에 대한 열정으로 달리고 또 달렸다. 정성옥의 머리에는 조국의 시련과 인민의 아픔을 한 몸으로 막고 있는 장군님 생각뿐이었다.

북한 주민들에게도 정성옥과 같은 그런 충성심을 요구하기 위한 설정이라고 할 수 있다. 북한 주민들에게 지도자에 대한 충성, 언제나 한결같은 마음으로 지도자를 생각하는 정성옥과 같은 인물이 필요하였다. 그리고 정성옥으로 하여금 장군님의 은혜를 생각하도록 일깨워준 마라톤 지도자인 명국이나 정성옥이 흔들릴 때 장군님에 대한 충정으로 일어설 수 있도록 이끌어 주는 정성옥의 아버지 같은 인물이 필요하였다.

영화의 마지막에는 노력영웅이 된 정성옥을 바라보는 정성옥의 아버지가 '장군님의 은혜를 잊지 말자'고 다짐한다. 바로 이 장면이 북한이 〈달려서 하늘까지〉를 통해 전달하고 싶은 메시지이다.

전국 최하위 작업분조를
모범작업반으로 가꾼 여성선전원
: 〈벼꽃〉

"꽃잎이 너무 작고 수수해 사람들의 눈에 잘 띄지 않지만 가
을에는 충실한 낟알을 안겨주는 벼꽃을 말이다. 선동원은 한
마디로 그 벼꽃과 같은 사람이라고나 할까."

—예술영화 〈벼꽃〉 중에서

선동원은 어떤 사람이나요?

〈벼꽃〉은 조선예술영화촬영소 장자산창작단에서 2015년(?)에 창작한 것으로 알려진 예술영화이다. 전국에서 가장 생산량이 낮고, 문제가 많은 작업반을 맡아, 풍년을 이루어 낸 선전원을 통해서, 북한이 식량 생산을 위해 실시한 포전담당책임제의 의미와 중요성, 그리고 선전원의 역할을 강조하는 영화이다. 영화의 제목인 '벼꽃'을 핵심으로 농업생산 증진에 대한 이야기를 풀어나간다. 벼꽃을 눈여겨보는 사람은 거의 없을 것이다. 하지만 벼꽃이 있기에 가을이 되어서 풍년을 이룰 수 있는 것이다.

북한에서 선동원의 역할은 단순히 노동활동에 활기를 넣는 일에 그치지 않는다. 꾸준한 교양과 이신작칙(모범적인 실천)을 통해 인민을 교양하고 개조함으로써 집단의 단결력을 높이는 역할을 한다.

'벼꽃'에 담긴 의미

영화는 정임의 딸이 아버지(정임의 남편)와 들판에 앉아 이야기를 나누는 장면으로부터 시작한다. 정임의 딸이 아빠에게 묻는다.

"아버지 선동원은 어떤 사람이나요?"

"선동원! 왜?"

"어머니가 이해되지 않아서 그래요."

정임의 딸이 엄마를 이해하지 못하는 것은 엄마가 말썽 많은 4반 5분조로 선동원이 되었기 때문이었다. 정임은 원래 전군에서 가장 모범적인 1반의 선동원이었다. 1반에 그냥 있기만 해도 모범일꾼으로 뽑힐 것인데, 하필이면 제일 말썽 많은 4반 5분조로 자원했기 때문이었다. 정임의 딸은 그런 엄마가 이해되지 않았다. 정임의 남편은 딸에게 말한다.

"옥이야! 너 이따금 벼꽃을 본적이 있지."

"벼꽃이요?"

"음. 꽃잎이 너무 작고 수수해 사람들의 눈에 잘 띄지 않지만 가을에는 충실한 낟알을 안겨주는 벼꽃을 말이다. 선동원은 한 마디로 그 벼꽃과 같은 사람이라고나 할까."

"벼꽃같은 사람!"

정임의 남편은 선동원이 된 정임을 진심으로 이해하고, 적극적으로 아내를 응원하는 사감이었다.

말썽 많은 5분조 작업반

정임이 새로 선동원으로 간 5분조 작업반에는 중학교 딱친구(절친)인 선화가 있었다. 선화는 반장과 특별히 가

깝게 지냈다. 선화가 반장과 친하게 지내는 것은 반일을 열심히 하기 위해서가 아니었다. 반장에게 이것저것 주면서 실속을 챙기곤 하였다. 선화는 반장과 친하게 지내면서, 농장의 일에는 적극적으로 참여하지 않고, 자기 일을 우선으로 하였기 때문에 조원들은 선화를 별로 좋아하지 않았다.

5분조에는 동팔이라는 조원이 있었는데, 젊은 동팔이는 축구를 너무 좋아했다. 농기구 부속품이 고장 나서 부속품을 받아 오라고 시켰는데도 축구를 하느라 날을 넘기기도 하였다. 반장은 그런 5분조 때문에 속을 썩였다. 동팔이는 반장의 딸에게 마음을 두었지만 반장은 동팔이 못마땅하였다. 동팔은 작업 중에도 축구 구경 때문에 여러 번 빠지기도 했다. 작업표에서는 늘 꼴찌였다.

5분조 작업반은 반원들의 관계도 별로 좋지 않았고, 반장과의 관계도 그리 좋지 않았다. 작업 성적이 좋지 않은 동팔은 자신을 탓하는 반장에게 불만이었다. 자기가 많이 빠지기는 했지만 선화처럼 자기 일만 챙기지 않았기 때문이었다. 그런 동팔을 감싸는 광민이 있었다. 광민은 식물성 농약을 연구한다면서 농약 연구에 매달렸는데, 연구는 번번이 실패하였다. 광민의 연구에 대해서 반원들은 미더워하지 않았다. 광민의 처도 남편이 못마땅했다. 연구사도 아닌 사람이 연구사처럼 실험을 한다는 것도 그렇고 주위에서 광민에게 손가락질하는 것도 싫었다.

광민의 처는 마침내 처가로 돌아갔다. 하지만 광민은 굴하지 않고 연구를 계속하였다. 그런 광민이를 보고 반장이 비꼬듯이 말했다. "되지도 않는 일에 정신이 팔리니 아내도 달아난 게 아니냐"면서 한 마디 던졌다.

반장의 비꼬는 말을 들은 광민은 화가 났다. 그 동안 연구했던 식물연구 도구들을 모두 뒤집어 엎어버렸다. 정림은 광민의 문제를 해결하고자 팔을 걷었다. 정림은 광민의 아내를 찾아 가정 문제를 해결하고자 하였지만 광민의 아내는 확고했다. "찾아온 건 고맙지만 다시는 찾아오지 마세요"라면서 선을 그었다.

분조원들을 다독이는 선동원

　반장은 광민뿐만 아니라 동팔이하고도 사이가 좋지 않
았다. 반장에게는 유치원 교사인 딸 미경이 있었다. 그런
데 동팔이가 바로 반장의 딸 미경을 마음에 두고 있었다.
동팔이가 반장네 집을 찾아가 미경이에게 데이트 신청을
하다 반장에게 딱 걸렸다. 가뜩이나 동팔이가 마음에 들지
않았던 반장은 동팔이를 산림 동원에 보냈다. 정임은 이번
에는 동팔과 미경이를 이어주고자 나섰지만 반장은 동팔
이를 못마땅해 하면서, '주제도 모르고…' 미경이와 동팔
이를 엮으려 한다고 나무랐다.

　정임은 반장과 반원들에게 실망하고는 당비서에게 고
민을 털어 놓았다. 당비서는 천리마 시기 '리신자 붉은 선
동자' 이야기를 하면서, '그때가 지금과 같이 조건이 좋았
겠느냐'면서 마음을 다잡아 주었다. 당비서의 이야기에 힘

을 얻은 정임은 다시 마음을 다진다. 다음 날 정임은 맛있는 먹을거리랑 잡지, 새로 나온 소설책을 가지고 산림동원에 나선 동팔이를 찾아가 위로하였다.

정임은 동팔이와 미경을 이어주고자 아이디어를 생각했다. 축구시합을 벌여서 동팔이의 능력을 보여주는 것이었다. 정임은 당비서에게 축구대회를 제안했다. 온 나라가 축구열풍이니, 분조별로 체육대회를 하자면서 리 당 비서의 도움을 청했다. 당비서는 군에서도 그 문제를 두고 토의를 했다면서, 분조별로 할 것이 아니라 협동농장 전체가 참여하는 시합을 벌이자고 당에다 이미 보고했고, 승낙을 받았다고 알려주었다.

축구 시합이 열렸다. 시합은 농장 단위로 진행되었고, 상도 크게 걸렸다. 1등이 타이어, 2등이 돼지, 3등이 염소였다. 축구 경기가 시작되었다. 제1작업반과 제3작업반의 시합이 열렸다. 제3작업반이 밀리고 있었다.

당비서는 축구 잘하는 동팔이를 찾았다. 오토바이를 타고 동팔이를 데리러 간 사이에 제1작업반에서 한 골을 더 넣어 2:0이 되었다. 제3작업반원들은 속이 탔다. 이대로 지는가 싶었다. 경기가 그렇게 기울고 있을 때, 동팔이가 돌아왔다. 동팔이가 경기에 투입되면서 상황이 바뀌었다. 제3작업반이 3:2로 역전하였다. 축구경기의 승리로 제3작업반이 우승을 차지하였다. 반장도 동팔이를 다시 보게 되었다.

말썽 많은 분조의 선동원으로 자원한 이유는

하루는 선화가 반장을 찾아가 하루 쉬게 해 달라고 하였다. 반장은 선화가 작업반에서 빠지는 것에 대해서 말이 많다면서 허락하지 않았다. 선화는 정임을 찾아가 '친구라면서 잘난 체 한다'고 쏘아 부쳤다. 정임의 딸 옥이는 엄마가 그런 말을 듣는 게 싫었다. 제1작업반에 계속 있었다면 '3대혁명 붉은기'도 수여받고, 평양 견학도 갈 수 있었는데, 말썽 많은 제3작업반에 와서 친구에게 모욕을 당하는 게 싫었다.

옥이는 아버지에게 왜 제3작업반에 자원했는지 물었다.

정임의 남편은 옥이에게 엄마가 왜 제3작업반에 가게 되었는지를 말해주었다. 정임이 속한 작업반에서 1등을 하였고, 정임도 혁신자로 뽑혔을 때였다. 사람들이 늘 꼴찌만 하는 제3작업반을 흉보는 것을 보고는 당비서를 찾아가 제3작업반으로 자원한 것이다.

"비서동지 저를 욕해 주십시오. 지금 당에서는 쌀알이자 탄환이라고 그토록 농사에 애를 쓰시는데, 저는 지금까지 제 생각만 하느라고 다른 작업반이 어떻게 돌아가든지, 제일만 신경썼으니…." 정임의 말을 들은 당비서는 분조장대회에 나갔던 일을 이야기한다. "전국의 모든 분조장이 다 모인 대회에서 알곡생산 순위가 나왔는데, 우리 농

농사의 중요성을 강조한 카드섹션

장 제3작업반 5분조가 전국적으로 맨 마지막에 자리를 차
지하고 있었다"는 것이었다.

당비서의 이야기를 들은 정임이 제3작업반 5분조를 자
청하였던 것이다. 정임이 그렇게 한 것은 '자신을 선전원
으로 믿고 내보낸 당에 보답하는 것'이라고 생각했기 때
문이었다. 아버지의 말을 들은 옥이는 엄마의 진심을 이해
하게 되었다.

'벼꽃'이 된 선동원 정임

정임은 한편으로 광민이 진행하는 농약연구를 도와주
기 위해 백방으로 노력하였다. 농업과학원을 찾아가 도움
을 구하면서, 광민의 식물성 농약 연구를 도와주었다. 광
민의 연구가 마침내 성공하였다. 정임은 선화의 아들이 나
무에 올라갔다가 떨어진 것을 보고는 병원으로 데려가고
수혈까지 해 주었다. 뒤늦게 병원에 들린 선화는 수혈을
하고 누워 있는 정임을 보면서 자신의 이기적인 삶을 반
성하였다.

식물성 농약 연구에 성공한 광민은 반원들이 모인 자리
에서 스스로를 반성하였다. "동무들 이 못난 놈을 용서해

주십시오. 사실 내가 지금껏 연구를 한 것은 분조 농사를 위한 것도 있었지만 속으로 나라는 존재를 인정받고 싶은 것도 있었수다. 말 못하는 짐승도 저를 먹여주는 주인을 따르고 배반하지 않는다는데, … 고향을 버리고 떠날 생각까지 했었으니, 이 못난 놈을 확 때려주십시오."

광민의 말을 들은 정임은 반원들을 모아 놓고 양심에 호소했다. '먹거리 문제를 해결하기 위해서 수령들이 그렇게 노력했는데, 우리는 정말 자기 피와 땀을 깡그리 바쳐왔는지'를 돌아보고, "진짜배기 애국농민이 되자"고 호소하였다. 정임의 말에 감동받은 분조원들은 열심히 일하였고, 조원들은 모범적인 농장이 되었다. 광민을 떠났던 광민의 아내도 돌아오고, 분조원들이 열심히 일한 결과 풍년을 이루었다. 전국대회에서 표창장을 받은 반장은 '우리 선동원이 정말 벼꽃 같은 사람이지'라고 하면서 칭찬하였다.

북한의 선동원사업

북한에서 선동원과 관련한 예술작품으로는 연극과 영화로 만들어진 〈붉은 선동원〉이 있다. 〈붉은 선동원〉은 사상개조 사업에서 뒤떨어져 있던 '지난 날의 중농, 건달군까지도 주인공 선동원의 교양과 실천적인 모범을 통해 개조되고, 집단의 단결이 강화'되는 과정을 보여준 모범적인 작품으로 평가한다.

"몇해전에 만든 연극 〈붉은 선동원〉에서도 갈등이 잘 해결되었습니다. 그 작품에서는 사상적으로 뒤떨어져 있던 지난날의 중농, 〈평양노랭이〉, 건달군까지도 주인공인 선동원의 꾸준한 교양과 이신작칙의 모범에 의하여 다 개조되고 집단의 단결이 더욱 강화됩니다. 연극 〈붉은 선동원〉은 모든 근로자들을 다 교양개조하여 공산주의사회까지 데리고갈데 대한 우리 당의 방침을 옳게 반영한 훌륭한 작품이며 오늘 우리 사회주의사회의 현실에 맞게 갈등을 설정하고 잘 해결한 성과작입니다."

—김일성, 「문학예술작품에서의 갈등문제에 대하여: 연극 〈아침노을〉을 보고 연극예술인들과 한 담화 1964년 1월 8일」, 『김일성저작집 18』(조선로동당출판사, 1982), 57쪽.

연극 〈붉은 선동원〉이 인기를 끌자 영화로도 만들었다. 북한에서 이처럼 선동원을 통한 사업을 중요하게 평가하는 이유는 혁명과 건설 사업에서 대중의 지지가 중요하기 때문이다. 따라서 선동원을 주인공을 한 작품에서는 개인적인 영웅성만 그릴 것이 아니라 집단적 영웅주의를 그려야 한다고 강조한다. 북한에서 이야기하는 낡은 사상 잔재는 '경험주의', '보수주의', '소극성' 등이다. 이러한 사상은 전진을 가로 막는 낡은 사상 잔재로 규정하고 극복을 강조한다. 그 사상 극복의 최전선에 선동원이 있기 때문이다.

글을 마치며

'북한과 여성'이라는 주제를 기획하면서, 관련 영화나 텔레비전 방송물을 찾았다. 생각보다 많았다.

다섯 아들을 군대에 보낸 선군시대 어머니상을 주제로 한 〈어머니의 행복〉, 영원한 소년단원으로 불리는 유격구 아동단원이었던 금순을 소재로 한 〈태여나 아홉해〉, 중학교 사상교원으로 학생을 이끄는 여교사의 이야기인 〈키우는 마음〉, '어린이 영양 젖가루' 개발을 위해 밤낮으로 연구하는 여성 과학자 이야기 〈엄마를 깨우지 말아〉, 북한 방송에서는 최초로 이혼 문제를 다룬 방송극 〈가정〉, 수중무용수들의 이야기를 다룬 〈갈매기〉, 여성 태권도 선수의 이야기를 다룬 〈담찬 처녀들〉, 여성 교예배우(서커스)를 주인공으로 한 〈날아다니는 처녀들〉, 리듬체조 선수단을 주인공으로 하는 〈휘날리는 댕기〉, 동물원의 여성 조련사 이야기 〈어서오세요〉, 네거리 교통보안원을 다룬 〈네거리 초

253

병〉, 여성체육인으로서 인정받기까지의 에피소드를 다룬 〈청춘이여〉, 후방에서 먹거리 문제를 해결하는 인수원을 그린 〈새로온 처녀 인수원〉, 여자운전수로서 일생을 살다 간 여성의 이야기를 그린 〈길〉, 명예군인의 아내로 살아가는 이야기를 그린 〈내 고향의 처녀들〉, 군관의 아내는 어떤 사람이어야 하는가를 다룬 〈군관의 안해들〉, 선군시대 처녀병사의 이야기를 다룬 〈녀병사의 수기〉, 교사로서 학생들을 누에고치집단농장으로 자원하는 이야기인 〈수업은 계속된다〉, 월남자 가족으로서 73세의 나이에 작업반장으로 일하는 순녀의 회고담인 〈우물집 여인〉, 1996년 6월 현지지 도표식비에 들꽃을 놓아 김정일로부터 치하를 받은 소녀를 주인공으로 한 〈들꽃소녀〉 등등.

북한 영화나 드라마만 놓고 보더라도 여성과 관련한 작품은 상당하였다. 제목에서 '처녀', '여학생', '안해(아내)'라는 단어가 붙은 작품을 포함해서 절대적인 비중이었다. 하는 일도 다양하고, 연령도 다양하고, 시대도 다양하다.

여성을 주인공으로 한 작품이 많은 이유는 간단하다. 모든 분야에서 긍정적인 여성상을 필요로 하기 때문이다. 어느 시기이든 어떤 조직이든 모범적인 여성이 필요했다. 모범적인 소년단원, 모범적인 작업반장, 모범적인 교사,

모범적인 선동원, 모범적인 군인, 학교에서 직장, 군대에
이르기까지, 10대부터 70대까지 모범적인 여성을 만들어
야 하기 때문이다.

북한 문화예술 창작에서 핵심은 바로 인물을 만드는 것
이다. 시대의 의미를 가장 잘 반영하는 인물, 시대를 대표
하는 인물, 이른바 '전형'을 형상하는 것이다. 북한 문학예
술에서 전형이란 시대와 상황에 맞게 당이 요구하는 방식

김정은과 함께 가정집을 방문한 리설주

으로 문제를 해결하는 '주체형의 도덕적 인간'이다. 뼈 속까지 수령에 대한 생각과 충정으로 가득한 주체로 물든 인물을 찾아 내면을 보여주고자 한다.

여성을 주인공으로 한 작품이 그렇게 많지만 정작 작품에 그려진 캐릭터는 평면적이고 단조롭다. 북한 예술만큼 인물의 성격이 분명한 작품은 없다. 선과 악이 분명하게 구분된다. 긍정적 인물과 부정적 인물이 선명하게 대비된다. 긍정적 인물은 충직하게 오직 한 길로만 가는 인물이다. 이런 인물의 전형이 바로 강반석과 김정숙이다. 문학예술은 강반석과 김정숙의 이미지를 반복적으로 재생한다.

간고할 것만 같았던 북한 여성의 이미지가 변화의 조짐

을 보이고 있다. 우선 주목되는 것은 리설주이다. 2012년 김정은의 등장과 함께 새로운 이미지로서 리설주가 주목을 받고 있다. 세련된 패션과 미모의 리설주는 강반석, 김정숙이 갖고 있던 헌신과 모성의 이미지와는 분명 구분되는 다른 모습이다. 김정은 시대 아이콘으로 주목받는 모란봉악단이나 은하수관현악단, 삼지연 악단 등이 보여주는 모습도 상당히 파격적이다.

이러한 파격이 일상에 얼마나 영향을 미칠지는 보다 지켜볼 일이기는 하지만 분명한 것은 아름다움에 대한 욕망이 생겨나고 있고, 이를 통제하려는 당국 사이에 긴장도 높아지고 있다. 여성으로서 삶이 '강요된 주체'에서 자각하고 의식하는 의식적 주체로의 변화를 이야기하기에는 아직은 이르겠지만 균열은 일어나고 있다는 것은 분명 감지되는 부분이다. 제도와 욕망 사이의 긴장은 북한도 예외 없이 여성에게 보다 적극적으로 일어나는 것은 아닐까 싶다.

■ 전영선 지음

건국대학교 통일인문학연구단 HK연구교수. 한양대학교에서 국어국문학을 전공하고, 동대학원에서 문학박사학위를 받았다. 『북한의 사회와 문화』, 『영상으로 보는 북한의 일상』, 『북한의 언어: 소통과 불통 사이의 남북언어』, 『북한의 정치와 문학: 통제와 자율사이의 줄타기』, 『영화로 보는 통일 이야기』, 『북한 애니메이션(아동영화)의 특성과 작품세계』, 『문화로 읽는 북한』, 『북한의 대중문화』, 『북한 영화 속의 삶이야기』, 『북한 민족문화정책의 이론과 현장』, 『북한을 움직이는 문학예술들』, 『고전소설의 역사적 전개와 남북한의 춘향전』, 『북한의 문학예술 운영체계와 문예이론』 등의 저서가 있다. 대통령직속 통일준비위원회 전문위원, 겨레말큰사전 남북공동편찬위원회 이사, 통일부 통일교육위원, 민화협 정책위원, 북한연구학회 사회문화분과위원장, 북한학회 부회장으로 활동하고 있다.

■ 건국대학교 통일인문학연구단

건국대학교 통일인문학연구단은 통일문제에 대한 인문학적 성찰과 지혜를 모으고자 '소통·치유·통합의 통일인문학'을 아젠다로 출범한 통일인문학 연구기관으로 2009년 한국연구재단의 인문한국(HK)지원사업에 선정되면서 통일인문학 관련 학술연구사업을 수행하고 있다. 통일인문학 기획도서는 건국대학교 통일인문학연구단에서 남북의 문화적 소통과 통일에 대한 이해의 공감대를 넓히고자 기획하였다. 북한의 언어로부터 북한의 식생활, 북한의 주거문화, 북한의 교육 등에 이르기까지 남북 문화의 소통과 통합을 위한 생활문화시리즈로 출판될 예정이다.

북한에서 여자로 산다는 것

: '슈퍼우먼' 혹은 '꽃'으로 호명되는 북한의 여성

© 전영선, 2017

1판 1쇄 인쇄_2017년 03월 20일
1판 1쇄 발행_2017년 03월 30일

지은이_전영선
펴낸이_양정섭
펴낸곳_도서출판 경진
　　　등록_제2010-000004호
　　　블로그_http://kyungjinmunhwa.tistory.com
　　　이메일_mykorea01@naver.com

공급처_(주)글로벌콘텐츠출판그룹
　　　대표_홍정표　편집디자인_김미미　기획·마케팅_노경민
　　　주소_서울특별시 강동구 천중로 196 정일빌딩 401호
　　　전화_02) 488-3280　팩스_02) 488-3281
　　　홈페이지_http://www.gcbook.co.kr

값 12,000원
ISBN 978-89-5996-532-8 93300